心經不難

用心理學來解

從焦慮到平靜的60個心理轉化技巧

程一川 著

當你讀《心經》，是否真的感受到「無罣礙故，無有恐怖」？

讓心理學幫你把佛法智慧，活成日常裡的平靜與力量

目錄

序言：
當心經遇見心理學，人生開始有解

在這個資訊爆炸、壓力堆疊、節奏超載的時代，越來越多人的焦慮不再只是來自「發生了什麼事」，而是來自「我無法控制什麼事」。

你是否也曾經這樣感受：

- 明明什麼都不缺，卻無法安心地活著；
- 明明很努力了，卻總覺得離快樂很遠；
- 明明懂得道理不少，卻總是陷在情緒的泥沼中掙扎？

這本書，就是寫給你——這個在生活裡不斷學習、修練、努力想「安頓自己」的你。

在寫這本書之前，我問了自己一個問題：

「我們真的理解《心經》嗎？還是我們只是熟記它的字面，卻未曾用它來解我們的焦慮與痛苦？」

於是我決定，讓心理學來對話佛法，讓《心經》從寺院走入日常，讓古老智慧不再高掛，而是真正落地、實用、有效。

◎為什麼是《心經》？

《般若波羅蜜多心經》，簡稱《心經》，全篇僅 260 字，卻涵蓋了佛法的核心：「空性」、「無我」、「不執著」、「覺照」，甚至連「涅槃」與「智慧之彼岸」的概念都濃縮其中。

然而，過去大多數的講解著重於義理、哲思或宗教修行，在現代人充滿實務焦慮的處境中，卻難以即刻轉化為心理行動力與內在調節力。

我們需要的不只是理解空性，而是知道如何在工作被否定時不自責，在關係受挫時不崩潰，在人生迷惘時不迷失。

我們需要的是：把《心經》活出來，而不是只唸出來。

◎為什麼結合心理學？

心理學的誕生，原本就是為了解人類痛苦的根源，尤其是現代心理學中的以下幾個分支：

- 認知心理學：幫助我們覺察思考與信念對情緒的影響；
- 行為療法：教我們如何以行動對抗無助與拖延；
- 正念與接納療法（ACT）：強調與情緒和平共處、與人生共舞；
- 存在心理學：帶領我們看見意義、自由與選擇的根源。

而佛法中「觀照」、「空性」、「無得無智」、「無苦集滅道」，其實都與心理學試圖解構的內在運作系統高度契合。

當我們用心理學作為橋梁，再次回到《心經》，你會發現——原來那些文字，早已預言了現代人的煩惱，也隱藏了解方。

◎這不是一本講經書，而是一本轉化書

本書不是宗教入門，也不是哲學導論，而是一本融合《心經》語言與心理學技術，幫助你將焦慮轉化為安定、讓混亂變為行動的「心靈實修指南」。

書中分為十章六十節，每一節都從《心經》中的一句經文出發，帶出一個現代人常見的心理問題，如：

- 如何面對不安、失控與焦慮？
- 為何我們總是放不下？
- 怎樣的人際關係才不會讓你耗盡？
- 如何建立與金錢、目標、名利的健康距離？
- 當內心掙扎不休，怎麼才能重回穩定與自在？

每一節以心理學為基礎，用故事、理論與實踐方法交織，不只給你道理，更給你練習。

你不需要有佛學背景，只需要有一顆想讓自己更自由、更穩定的心。

◎本書適合誰閱讀？

這本書，寫給這樣的你：

- 你在職場、家庭或關係中承受高壓與期待，常覺得喘不過氣；
- 你不是不努力，但總覺得怎麼也無法真正快樂；
- 你看過許多心靈雞湯，但仍無法把力量帶進生活；
- 你喜歡佛法智慧，卻不知道怎麼把它用在情緒、習慣、決策上；
- 你曾經受過傷，卻還不願意放棄相信自己能過得更好。

如果你已經準備好，不只想「知道更多」，而是想活得更清楚、更穩、更有選擇權，那麼這本書就是你的旅伴。

◎如何使用這本書？

這本書可以當作一本循序修練手冊：

- 建議從第一章讀起，每天閱讀一節，搭配思考與日常實踐；
- 若你有特定困擾（如關係焦慮、情緒低潮、時間壓力），可跳讀相關章節尋求對應的心理對策；
- 書中每一節都設有明確的五段架構與主題練習，讀完後不妨在筆記本寫下：「我今天學到的觀點」與「我願意開始實踐的一件小事」。

閱讀這本書，就像展開一場從念頭開始、回到心中心靈主權的返家旅程。你不需要一次走完全程，但每一次閱讀、每一次練習，都是往「自在」前進的一小步。

◎一段最後的提醒：你其實一直有選擇

我們無法控制所有人生劇情，但我們可以選擇用什麼心情去走這條路。

願你在這本書裡，看見的不只是佛法的智慧或心理學的技巧，而是看見自己其實一直擁有的能力——

那個即使風大浪急，也能在心中搭起平靜港灣的你。

《心經》說：「心無罣礙，無罣礙故，無有恐怖。」

你之所以恐懼，是因為你還以為必須緊抓。

但當你願意鬆開，就會發現：世界從沒變，你變了——變得更寬、更柔、更強，也更自由。

讓我們，從第一節開始。

這一次，不只是理解，而是真正走進自己心裡。

第一章
認識自我與建立目標

《心經》引文：「觀自在菩薩，行深般若波羅蜜多時，照見五蘊皆空，度一切苦厄。」

解說：唯有深刻觀照自身，才能穿透五蘊（色、受、想、行、識）的假我執念，建立清晰的目標與內在方向。

第一節
探索內心世界：認識真實的自己

觀自在菩薩，行深般若波羅蜜多時，照見五蘊皆空，度一切苦厄。

1. 觀照內在：從「觀自在」開始

《心經》的開場「觀自在菩薩」，不是神祇的介紹，而是一種修行者的覺察狀態：觀照內在、洞見本心。這是進入深層心理工作的起點，也是自我覺察的源頭。在現代心理學語境中，這與「自我察覺」(self-awareness) 概念高度契合，指的是個體有意識地關注自己的思想、情緒、行為與信念模式，進而辨識影響自己行為的根源。

我們之所以常常在情緒中卡關、在目標中迷失，原因不在於「不夠努力」，而在於我們「不認識自己」。心理學家丹尼爾·高曼（Daniel Goleman）指出：「缺乏自我覺察，是情緒智商低落的關鍵指標。」而《心經》早已在佛教語境中給出最簡單卻最深刻的解法——觀自在。你能看見自己的情緒、欲望、恐懼、貪戀嗎？你能從「我」的角色中跳出，觀察這些浮動的雜念與執著嗎？

練習觀自在，不需要在山中靜坐十年，而是從日常生活中每一次情緒起伏、每一場內心對話中練習辨識。當你發現「我現在焦慮了」、「我現在在羨慕某人」、「我正在想逃避這件事」時，觀照的能力便已啟動。而這，就是探索真實自己的第一步。

2. 五蘊皆空：人格面具下的真我

接下來經文談到「照見五蘊皆空」，這是理解人類心理運作的另一個核心密碼。五蘊是佛教中對人的存在狀態分類：色（肉體）、受（感覺）、想（思想）、行（意志）、識（意識）。若以心理學詮釋，它們近似於我們的外貌、情緒反應、思維方式、行為傾向與自我認知模式。

「皆空」並不是說我們不存在，而是說這一切都不是固定的、自性不變的。這與現代心理學對「人格」的研究不謀而合：我們的性格、思維風格並非天生固定，而是動態生成。人格心理學家沃爾特·米歇爾（Walter Mischel）就指出，人格是一種「在不同情境下的反應模式」，而不是硬梆梆的標籤。

很多人會因為過去的挫折、自我標籤、原生家庭的限制而誤以為自己「就是這樣」，但《心經》告訴我們：這些只是組合，並非本體。你可以在五蘊中看見你如何形成，但不需被五蘊困住。你可以是內向的，但不代表你不能成為領導者；你可能常焦慮，但不代表你不能練習冷靜與穩定。

當我們照見五蘊皆空時，真正的自我才可能浮現。那不是標籤，也不是過去的總和，而是一個不斷成長、可以選擇、可以超越的「自性」。

3. 苦的根源，是誤認了「我」

「度一切苦厄」不是逃避痛苦，而是看見痛苦的根源並轉化它。佛法中的苦，不是指人生的不幸，而是指一切情緒困擾的根源——執著。執著什麼？對「我」的執著。現代心理學稱之為「認同錯置」（misidentification）：我們以為那個憤怒的、受傷的、渴望被認可的聲音就是自己，殊不知那只是「內在小孩」或「情緒殘影」。

《心經》提醒我們，只要你還認為「我是那個情緒」、「我是那段過去」、「我是那個不夠好的人」，你就會痛苦。因為你把變動的東西（五蘊）誤認為本體，而忽略了觀照者 —— 那個可以觀察、可以轉化、可以選擇的你。

以現代精神分析的語言來說，這就是從「本我」與「自我」中抽離，進入「後設認知」。你不是那個焦慮本身，而是那個發現自己焦慮的人。這種能力的培養，才能真正讓你從苦中出離，進入心靈的自由狀態。苦，並不需要「解決」，而是需要「洞見」。一旦洞見，它便會自然轉化。

4. 自我探索的三層次練習

進一步認識自己，可以透過三層次的心理練習系統來進行：

第一層：情緒察覺練習。

每天花五分鐘寫下今天出現過的主要情緒，並為它們命名（例如焦慮、羨慕、無力、憤怒）。將情緒物化，有助於你看見它而不是被它吞沒。

第二層：信念追溯練習。

對每一個強烈情緒，問自己：「我為什麼會有這個情緒？背後是什麼信念？」例如：對於「焦慮」，也許你發現背後的信念是「我如果不完美就不被愛」。這才是真正需要處理的東西。

第三層：角色剝離練習。

思考「我」這個字在你生命中所承擔的角色有多少？「我是好學生」、「我是母親」、「我是領導者」……然後問：如果這些角色不在，我還是誰？這會引導你認識那個「無需裝扮」的自我。

這三層練習，是將《心經》的智慧轉化為日常心理鍛鍊的具體路徑。你越能分辨情緒與真我，越能活得自在。

5. 自在的根源，是「我」不是我

最終，我們該問的不是「我是誰」，而是「我是誰以為我是誰」。真正的自在，來自於這樣的體悟：我不必完美、我不是我的經歷、我不是我的職稱、我不是我的情緒，我只是我 —— 一個正在覺察、選擇、更新自己的意識主體。

心理學家卡爾·羅傑斯（Carl Rogers）強調「自我概念」的彈性，是心理健康的核心。《心經》早在千年前就告訴我們：當你不再執著於「我是誰」，你才真正開始「做自己」。那不是一種固定身分，而是一種彈性、開放、與當下相容的心理狀態。

你要的不是「更好的自己」，而是「更自由的自己」。自由來自於對「自我」的鬆綁——那是最深層的心靈革命，也是每一場人生轉化的起點。從今天開始，用觀自在的心，重新認識那個不被情緒綁架、不被標籤框限的你。

第二節
明確人生方向：目標設定的力量

舍利子，色不異空，空不異色；色即是空，空即是色；受想行識，亦復如是。

1. 目標與存在：人生不是「要什麼」，而是「為什麼」

這段《心經》中的「色即是空，空即是色」，揭示了一個深刻的人生觀：看似具體的現象與無形的本質，其實相即不離。這可以成為我們思考「目標」的一個核心哲學起點——我們所追求的，不一定是我們真正渴望的。

心理學家愛德華·德西 (Edward Deci) 與理察·萊恩

(Richard Ryan)所提出的自我決定理論(self-determination theory)指出，動機可分為「外在動機」與「內在動機」。大多數人設定目標時，追求的是外在標準：升職、賺錢、考試成績、別人認可。但《心經》提醒我們：「色即是空」，即表象的目標不代表真正的渴望，「空即是色」則表示，唯有認清內在的意義，才能讓目標變得有力。

很多人努力一輩子卻感到空虛，不是他們做得不夠多，而是從一開始就沒有釐清「我為什麼要這麼做」。設定目標的第一步，應該是回問自己：「這真的是我想要的嗎？還是我以為我應該要的？」

2. 空與形的協調：從結果導向轉向價值導向

在現代職場與生活中，「達成」常常凌駕於「體驗」之上。大多數人把「成功」當作目標，但忽略了過程的價值。這與《心經》中「色不異空、空不異色」的智慧高度重合：外在的結果與內在的過程，不該是衝突，而是協調。

讓我們以設定一個看似單純的目標為例——「我想一年內升遷」。這是一個典型的結果導向目標，但若背後沒有價值支持，將很容易陷入焦慮、比較、甚至自我懷疑。若轉向價值導向的思維，我們可以問：「我想成為什麼樣的領導者？」、

「我在這個職位上想帶來什麼改變？」這些問題讓目標不再是空殼，而成為生命的一種具體延伸。

心理學家馬丁·賽里格曼（Martin Seligman）曾指出，真正的快樂來自「意義感」而非單純的「愉悅感」。在設定目標時加入「意義」這個維度，是將色與空融合的最佳方式——讓你在追求目標的過程中，不迷失自己。

3. 五蘊亦復如是：目標錯置的心理風險

經文提及的「受、想、行、識」，構成了我們的感受、思想、意志與意識。在日常生活中，這些內在心理運作常常默默影響我們的目標選擇。

有些人設定目標，是為了填補某種情緒空洞（受），例如：「我要變有錢，這樣別人才不會看不起我。」有些人，是基於錯誤的思維（想），如：「只有念頂大才值得活著。」也有人目標設得過多過滿，是出於對自我價值的焦慮（行），「我什麼都要會，這樣才不會被淘汰。」更有些人根本無法意識到自己的欲望來源（識），只是盲目跟風與模仿。

這些都是「目標錯置」的心理陷阱。正如《心經》所說，「亦復如是」——五蘊並無自性，變動不居。我們若無法覺察，就會被這些變動拉走，陷入過度比較、成癮式自我要求、永不滿足的追求循環。當目標成為壓力源而非動力源時，人生便會失去方向。

建立一個穩固的目標系統，必須與自我對話、拆解信念、校準動機，才能走在真正屬於自己的路上，而不是在別人設下的遊戲裡奔跑。

4. 心理對話練習：如何找出你的「真目標」

那麼該如何設定一個「屬於你」的目標？以下是一個實用的心理對話流程，可以幫助你辨識出真正的內在目標：

第一步：寫下你目前的目標。

例如：「我想在三年內成為部門主管。」

第二步：問自己，這個目標背後，我真正渴望的是什麼？

也許你會發現，你真正想要的是「被尊重」、「有話語權」、「有成就感」。

第三步：這些渴望是否有其他方式可以實現？

你會驚訝地發現，很多你以為只能靠一條路實現的東西，其實有很多選擇。這時你會更自由地選擇符合價值的目標，而不是被社會定義綁住。

第四步：將目標轉化為「價值導向目標」。

例如：原本是「升主管」，轉為「成為一位讓團隊信賴的帶領者」。這個目標更穩定，也更具實踐動力。

這樣的心理轉化練習，是將「色」回歸「空」的過程——也就是放下錯誤動機，回到本質的自我渴望上。這樣設定的目標，不僅能讓你走得遠，還能走得踏實。

5. 空性的穩定力：不被目標控制，才能成就真正的目標

我們常以為「有明確目標」就是成熟與自律的表現，事實上，對目標的執著也可能成為一種執念。《心經》的「空即是色，色即是空」是一種「動中有靜」的智慧：你可以有目標，但不需被目標奴役；你可以追求結果，但也能安住當下。

從現代神經心理學來看，這是「內在穩定力」(psychological flexibility)的展現。這種能力讓人不會因為短暫失敗就放棄整體目標，也不會在途中迷失初衷。它來自一種信念：我值得，即使結果未必如預期；我可以前進，即使過程會有波折。

這樣的目標設定，是動態而非僵硬的，是與人生互動的，不是用來綑綁自我的。當你越能放下對目標的焦慮，反而越能走向真正想達成的狀態。

第三節
成功的心理準備：從心態到行動

是諸法空相，不生不滅，不垢不淨，不增不減。

1. 不生不滅：放下「一擊成功」的幻想

許多人在談論成功的時候，總會習慣性地想像那是一種「一舉翻身」的瞬間榮光：一次提案中選、一次轉職躍升、一次考試高分通過。但《心經》提醒我們：「是諸法空相，不生不滅」，也就是說，成功並不是突然發生的，而是長期內在狀態的外在呈現。

在心理學上，這種期待被稱為「成就突現錯覺」(achievement emergence fallacy)，意即人們誤以為成功是一種「劇變」，但實際上它多半是潛伏累積後的顯現。行為經濟學家丹．艾瑞利 (Dan Ariely) 曾提出，我們對目標與努力的預期經常「非線性化」，低估了過程的重複與枯燥，過度高估單一事件的轉折性。

當你在準備邁向成功時，應以《心經》的觀點來校準自己 —— 沒有一件事是「突然」成功的，也沒有一件事是「突然」失敗的。你的每一份準備、每一次微小的自我調整，都是一種「不生不滅」的累積。你今天所擁有的，正是你過去選擇的總和，這不是宿命論，而是因果邏輯。

放下「立即成功」的焦慮，是準備成功的第一步。當你不再急著抵達，你反而開始前進。

2. 不垢不淨：正向心態的本質是穩定

「不垢不淨」是佛學中的一種空性智慧，也是一種心理健康狀態。它指出，外在的狀況無法為我們的內在價值貼標籤，無論我們是成功還是失敗，榮耀還是挫折，個人價值本質上都未曾因此增減。

從心理學角度來看，這是自尊與自我價值感的健康來源。美國心理學家納撒尼爾．布蘭登（Nathaniel Branden）在其著作《自尊的六大支柱》中提到：「真正穩固的自尊，是對於自身存在價值的無條件信任，而非來自他人的肯定或成就的累積。」

我們之所以對「成功」如此焦慮，是因為在內心深處，我們誤以為「我必須成功，才值得被愛」、「我必須表現好，才配得擁有」。這種條件式的自我接納，是心理能量的巨大漏斗。

《心經》提醒我們，事物的「淨與垢」，是一種認知的框架，不是現實的絕對。當你開始認知到「我不因為成功而更有價值，也不因為失敗而變差」，你會產生一種根本的穩定感。這種心理穩定，就是推動行動最長遠的力量。

3. 不增不減：抗衡焦慮的行動心理

「不增不減」是一種心理節奏感的修練：不因短期成效感到沮喪，也不因一點進展而過度膨脹。這正是成功者常見的一種特質 —— 行動的恆定性。

心理學上有一個概念叫做「行動導向」（action-oriented），與之對應的是「狀態導向」（state-oriented）。行動導向的人，在面對未完成的任務時，能快速進入行動；而狀態導向的人，則會反覆思考、拖延、懷疑自己。

《心經》提供我們一個重要心理模型：「萬事皆空，故而能行」。這看似矛盾，卻極具實用價值。因為一旦你能夠放下「做得夠不夠好」的自我審判，你就會更輕盈地行動。正如行為心理學家史金納（B. F. Skinner）所說：「人們不是因為意志力薄弱而拖延，而是因為對結果的焦慮阻礙了行動。」

要克服這種阻礙，我們需要創造一種「心理安全場域」，讓自己可以「錯而不懼、試而不慌」。你可以問自己三個問題來進入這種狀態：

- 如果這件事我失敗了，最壞的情況會是什麼？
- 如果我做了，但做得不完美，這仍然有價值嗎？
- 我是否可以把這當作一次練習而不是最終考驗？

這樣的心理設定，讓你不被外在標準綁住，也就更能推動內在動能。你越能接納「做一點也很好」，就越容易累積到「做成為常態」。

4. 行動不是結果，而是心態的延伸

很多人誤以為行動是為了「完成某件事」，但真正有效的行動，其實是心態的一種具體表現。《心經》說「是諸法空相」，你可以理解為：「所有現象，都是內心狀態的鏡子」。你如何行動，反映了你如何看待自己與這個世界。

如果你內心深信「我沒有價值」，那你即便採取行動，也會猶疑、防禦、裹足不前；若你相信「我值得學習與嘗試」，你所做的每一步就會堅定而充滿探索感。

在認知行為療法（CBT）中，有一個核心技巧叫做「認知重建」，意思是：你要先改變對事件的詮釋，行動才會產生動能。而不是反過來強迫自己去做，卻內心充滿懷疑與排斥。

因此，每當你覺得「沒辦法開始」，不妨先回頭問：「我

對這件事的態度是什麼？我是否已經默默否定了它可能帶來的改變？」這種思考，是從焦慮到穩定行動的關鍵一步。

5. 成功是心態與節奏的長期組合

最後我們要明白：成功不是高效爆發，而是穩定輸出的結合。這就像《心經》的邏輯：看似抽象，其實極為務實。它告訴我們，所有的「增減、淨垢、生滅」都只是過渡狀態，我們真正該穩定的是「空性觀」，也就是內在不受干擾的心理定錨。

建立成功心態，你需要以下三種節奏：

- 慢思考節奏：每天撥出時間進行靜心、書寫、冥想或自我對話，讓情緒與目標一致。
- 小行動節奏：不要問「我今天能做幾大件事」，而是問「我能不能穩定做一小件事？」每天一小步，勝過靈感式爆發。
- 長視野節奏：用一季、半年、一年來看進展，而非一週一月。每一件微小的事，在時間的長河裡都會成為不可忽略的轉折點。

《心經》不是要你「放下目標」，而是教你「以無執著的心，走最堅定的路」。當你把行動當作心態的延伸，而不是自我證明的舞臺，你的成功就會像呼吸一樣自然 —— 不是逼出來的，而是活出來的。

第四節
掌控注意力：排除雜念與提升專注

是故空中無色，無受想行識，無眼耳鼻舌身意，無色聲香味觸法。

1. 沒有注意力，就沒有人生

《心經》中這段經文揭示的是感官與心識的「空性」，也就是說，一切所見所聞、內心活動、認知反應，並無固定實體，皆是緣起變化。從心理學角度來看，這正對應著我們對「注意力」的理解 —— 它既不是恆定的，也不是自然穩定的，而是一種極為珍貴、稀缺的心智資源。

心理學家丹尼爾．康納曼（Daniel Kahneman）在其著作《快思慢想》中指出：「注意力是有限資源，一旦被占用，我們便無法同時有效處理其他訊息。」換句話說，你的注意力決定了你能看見什麼、感受到什麼、選擇什麼。沒有注意力，就沒有學習、沒有記憶，也無法做出選擇。甚至可以說，沒有注意力，就沒有「你的人生」。

在資訊爆炸、社群媒體充斥的今天，我們比任何時代都更需要學會掌控注意力。這不只是工作效率的問題，更是心理健康與目標實現的基礎。你的專注力，就是你生命力的所在。若你無法集中於你要走的方向，就會被別人想讓你看的東西牽著走。

2. 雜念的結構：內在干擾的三種型態

從《心經》的觀點來看，「無眼耳鼻舌身意」的否定句，其實不是要你失去感官，而是要你鬆開對感官經驗的執著。應用在注意力管理上，即是提醒我們：「雜念的產生，並非因為外在太吵，而是內在太黏。」

根據神經心理學的研究，干擾注意力的內在模式可分為三種主要型態：

第一種：未完成迴路（open loops）

這是最常見的雜念來源。你在工作時突然想到還沒寄出的信件、沒完成的報告、週末要回覆的訊息。這些未結案事項會在腦中形成「心智占位」，占據你的認知資源。

第二種：情緒牽引 (emotional residues)

你剛和朋友有了爭執、或昨晚夢見自己在考試中失敗，這些未被處理的情緒殘影會在背景中不斷釋放訊號，讓你無法聚焦於當下任務。

第三種：自我監控 (self-monitoring)

你在表達意見時會不斷問自己「這樣講對嗎？」、「別人會怎麼想？」這種過度自我觀察的心理活動，其實是專注力的殺手，讓你分心於「自我形象的維持」而不是「任務的實踐」。

這些內在干擾就像《心經》中提到的六根與六識，若你未加辨識，它們便會主導你的知覺與行為反應。而真正的「空」，是在於看見這些雜念，並從中抽離。

3. 專注是一種可以訓練的覺察力

當我們理解雜念如何形成後，接下來的問題是：該怎麼辦？幸好，《心經》給了我們一個啟示：「無色聲香味觸法」，這是一種減法的修行 —— 將不必要的感官干擾、思緒雜訊、情緒回音暫時放下，讓心回到當下。

這在現代心理學中正是「正念練習」(mindfulness training) 的基礎。正念，不是神祕的冥想技巧，而是一種「不帶評價地覺察當下」的能力。哈佛大學研究指出，每天只需 10

分鐘的正念練習，就能顯著提升工作中的專注力與情緒穩定性。

以下是一個你可以立即操作的正念專注練習法：

- 三分鐘呼吸練習：找一個安靜空間，閉上眼睛，專注於自己的呼吸，觀察氣息進出，不做任何評價。
- 書寫焦點清單：每天早上寫下三件你今天最想專注完成的事，用筆寫下會加深心理承諾。
- 斷線專注時段：每天安排一段 30 ～ 60 分鐘的「離線區塊」，手機飛航、社群關閉，專心投入一件事。

你越常練習，你的大腦便越能自動切換到專注狀態。神經科學稱這種現象為「注意力神經網路強化作用」（enhanced attention network function），類似於肌肉記憶，你的大腦會開始「記得怎麼專注」。

4. 注意力與目標一致性：讓大腦知道你想去哪

我們經常高估意志力的作用，卻低估結構的影響力。注意力並不是靠強迫自己不滑手機就能控制，而是靠「讓它有地方可去」來引導。

心理學家羅伊．鮑邁斯特（Roy Baumeister）在研究自制力時發現，最容易專注的人，不是意志最強，而是目標最明確。這種人知道自己每段時間該做什麼事，會主動排除無關事務，並善於將注意力集中在與目標一致的行為上。

在《心經》的觀點裡，這種「注意力與目標一致性」就像「空中無法」—— 意即一切法門（行為策略）都是過渡性的，你之所以要「行」某事，是因為它能幫助你「入彼岸」。但若你不知彼岸在哪，你的行動就會變成雜亂的雜耍，疲憊而無焦點。

簡單說：你需要一套注意力使用的策略地圖。以下是一種結構化的實作方式：

- 早上兩件事法則：起床後先寫下今天最重要的兩件事，只做這兩件事，其他一律延後。
- 時間分區規劃法：每週安排一到兩段「深度工作時間」，專心解決高價值任務，不被打擾。
- 專注記錄習慣：每日記錄自己最專注的時段，找出何時、何地、何種任務最容易進入心流狀態。

讓你的大腦知道你要去哪，注意力才會不再亂跑。當你開始為注意力設計場景，而不是被場景劫持，你就開始掌握人生的主導權。

5. 讓雜念成為資源，而非敵人

最後，我們要轉念 —— 雜念不是專注的敵人，而是通往清明的線索。《心經》並非要求你「壓抑思緒」，而是要你看見一切思緒的流動性：它們起來、停留、又消散；它們並無固定形象，無須對抗，只需觀照。

這正是「空」的智慧，也是現代心理治療（如 ACT 接納與承諾療法）中強調的概念：你不是要「控制念頭」，而是「與念頭共處」。當你對雜念不再有敵意，它們反而會因失去抗衡而自然靜止。

請記住，真正的專注不是「排除所有干擾」的剛性，而是「雜念來了也能回來」的韌性。當你越來越能與雜念共處、轉念回焦、安住心緒，你的內在就越穩定，你的人生也會逐漸走入清明與平靜。

第五節　避免陷入捷徑的誘惑

無眼界，乃至無意識界，無無明，亦無無明盡；乃至無老死，亦無老死盡。

1. 捷徑心理：為什麼我們總想跳過過程？

這段《心經》談到「無無明，亦無無明盡」與「無老死，亦無老死盡」，揭示了一個核心思想：生命的階段與困境，本質上皆為緣起假名，我們不應執著它存在或不存在。而當我們過度期待「立刻跨過」人生的某些關卡，實則就是陷入了對「終結困難」的執念。

這與心理學上的「捷徑偏好」（shortcut bias）高度契合。我們天生就傾向選擇成本低、回報快的路徑，這是演化給人類的一種節能機制。在生活中，這種心態表現在：買心靈雞湯卻不練習、渴望創業成功卻不研究商業模型、想靠一次健身馬拉松補回多年懶惰。

心理學家巴瑞·施瓦茨（Barry Schwartz）在《選擇的悖論》中指出，越是高選擇、高資訊壓力的時代，人們越容易產生「決策簡化」的衝動，也就是傾向選擇看起來最容易的方案，不管它是否真正可行。

捷徑的吸引力來自於「錯覺性的輕鬆」，但它往往帶來「延遲的沉重」。在成功這條路上，真正的敵人不是困難本身，而是逃避困難的習慣。當你每次選擇繞過學習、繞過思考、繞過負責，久而久之，你訓練出的是一種逃避模式，而不是解決模式。

2. 無眼界的隱喻：錯誤的參照系統會毀掉努力

經文提到「無眼界，乃至無意識界」，意味著不被表象感官所限，不以感知為絕對依據。這句話若套用在現代生活，正是對「盲目模仿成功者」這種捷徑心理的提醒。

許多人在設定目標與行動時，會下意識模仿「看起來成功的人」的做法，但忽略了背後的情境差異與資源基礎。你看到某位創業家每天只睡四小時，你也想這樣熬夜工作；你看到某位網紅靠個人品牌賺千萬，你也想立刻辭職開頻道。這些都是以「他人的成果」為參照點，而非從自己的能力與節奏出發。

心理學稱這種現象為「錯置參照效應」（misplaced reference effect），簡言之：你把本該從內部產生的判斷外包給了外部榜樣。結果是，你在別人的軌道上盲目奔跑，卻在自己的人生裡原地打轉。

《心經》的智慧是：不要讓外部界（眼界、意識界）主宰你的判斷。真正的專注，是看清自己此時此刻的起點、資源與限制，從這裡慢慢往前推進。不是每條成功之路都需要走一百步，有人從第七十步起跑，你卻才剛到第三步，如果不願意踏實走每一步，終究難以達成真正穩固的成果。

3. 無老死：放下急於「完結」的焦慮

人們為何會迷戀捷徑？其中一個核心原因，是對「完成」的渴望焦慮。在心理治療中，這被稱為「終點強迫」(endpoint compulsion)：我們迫不及待想要抵達一個「完成狀態」，好讓自己擺脫目前的不確定、不舒服與不穩定。

但《心經》說：「無老死，亦無老死盡。」人生不是非得有個明確終點才能算「解脫」，事實上，沒有任何一個階段是真正「完結」的。你以為升職就能解決焦慮，但下一個責任更大；你以為結婚能帶來安定，但生活更多瑣事；你以為考上研究所就能休息，卻發現焦慮只是換了形狀。

成功從來不是終點，而是過程中的節點。你若急著結束不安，反而會強迫自己抓住「看起來能解決問題的選項」，而這正是捷徑的心理陷阱。

在行為經濟學中，這種情形被稱為「假性終局偏誤」(false closure bias)，即人們會錯誤地選擇一條路，只因它有個明確的終點，哪怕那個終點並不真正解決核心問題。

真正的成熟心態是：允許過程不確定，允許生命開展，允許成功沒有保證。這樣的你，反而能耐心投入學習、深耕專業、踏實修練。你會發現，所謂的捷徑早已隱藏在你每天的腳踏實地中。

4. 真正的捷徑，是自我規律與深度累積

那麼，難道人生就真的沒有捷徑嗎？《心經》說「無明，亦無無明盡」，不是否定智慧的存在，而是提醒我們：不要執著於智慧是「一瞬開悟」的神蹟，它其實是緩慢累積的結果。

從心理習慣的角度來看，真正的捷徑，是將「該做的事」變成「自動化的習慣」。當你每天都能無痛起床、規律運動、持續學習、定期檢討，那麼你已經走在最接近成功的捷徑上。

行為心理學家詹姆斯．克利爾（James Clear）在《原子習慣》中指出：「你不會升到你所設定的目標，而是會跌到你所建立的系統。」這句話意即，真正讓你成功的從來不是一次超越，而是讓優質選擇變成預設行為的系統設計。

我們都在尋找更快的路，其實最短的路就是那條你不會放棄的路。如果你可以讓努力變成習慣、讓紀律變得自然、讓進步不需提醒，那麼成功只是時間問題。

《心經》給我們的智慧並非消極無為，而是教我們「空出幻想、實踐節奏」，把每天的腳印踩穩，自然能走得遠、走得深。

5. 空中修路：從心性出發的行動轉化術

最後我們要明白，《心經》並非要我們遠離成就，而是邀請我們從更穩定的內在出發去建構行動。經文中的「空」，不是虛無，而是開放。它不是叫我們「放棄」，而是叫我們「不要執著錯的東西」。

真正有效的行動，不來自慌張、不來自比較、不來自外界焦慮的刺激，而來自穩定的內在定位。你知道自己在哪裡、要去哪裡、為什麼出發，就能承受速度慢、路不直、別人超前，卻不會中途放棄。

成功不是找一條最近的路，而是學會在空中修路——把每一個當下的專注、每一個真實的練習、每一個小小的轉變，當作鋪向未來的橋梁。這樣的你，從來不急，但總能抵達。

第六節
善用思考力：提升問題解決能力

無苦集滅道，無智亦無得，以無所得故。

1. 問題不是障礙，是轉化的入口

《心經》中提到「無苦集滅道」，即四聖諦皆不可執著。這不是否定問題的存在，而是說明：「問題」不是人生的絕對真相，而是你看待事情的方式。若以心理學語言來說，就是你所遭遇的挑戰，本質上並不一定是痛苦的，它是否成為痛苦，取決於你的詮釋與應對。

我們對問題的第一反應，常常是排斥與抗拒：「為什麼是我？」、「怎麼又來了？」、「我沒時間處理這個」。這種「抗拒式認知」會讓問題擴大化，甚至阻斷思考的空間。

而從現代認知心理學來看，有效的問題解決力其實來自三個步驟：

- 問題定義（problem framing）：你如何界定問題，決定了解法的方向。

- 資源啟動（resource scanning）：你能不能不焦慮地回頭檢視自己有哪些內在與外在資源。
- 策略實施（strategy application）：你能不能有效將抽象想法落實為具體行動。

《心經》教我們的不是「放下問題」，而是「看清問題的真貌」。當你不再把問題視為「要擺脫的東西」，而是「可以對話的對象」，你就從焦慮者轉化為行動者。

2. 無智亦無得：拋開「一定要有解」的執念

《心經》進一步說「無智亦無得」，這一段乍看之下彷彿否定智慧與成就，其實是要我們放下對「掌控感」的執著。在處理複雜問題時，很多人會產生「一定要立刻想出完美解法」的心理壓力，這種想法反而會阻礙思考。

行為心理學稱這種現象為「解決強迫」（solution compulsion）：一種無法接受問題未解狀態的焦慮，使人陷入過度推論、過度分析，甚至過度行動。這就像電腦開太多視窗卡住一樣，大腦也會因負荷過重而出現決策疲勞。

真正的思考力，有時反而來自「允許還不知道」。這就是創意問題解決中強調的「懸置原則」（incubation principle）：你越想突破，有時越卡住；而當你暫時放下，靈感卻常常在散步、洗澡或發呆時突然出現。

因此，提升思考力的關鍵之一，是放棄對「立即答案」的執著，而是培養一種「邊走邊想、邊做邊調整」的心理韌性。《心經》所說的「無智亦無得」，正是提醒我們：不要以為只有得到結果才算有價值，有時過程本身就是智慧的呈現。

3. 思考不是繞圈，是找到出路的結構能力

許多人以為自己「想太多」，其實他們只是「想不出來」。真正的思考力，不是煩惱重播機，而是問題拆解器。這點在《心經》的「以無所得故」中，提供了關鍵啟示：當你不再執著於「馬上獲得結果」，你才能真正靜下心來搭建思考的邏輯階梯。

在現代心理學中，我們常使用「認知階梯法」來協助人突破困境，其流程如下：

- 明確問題的情境與影響：這問題實際上影響了我什麼？
- 拆解問題成為可處理的單元：哪些部分可以先動手？哪些需要更多資訊？
- 區分事實與推測：我知道的是什麼？我只是猜的又是什麼？

- 列出至少三種可能行動方案：不追求完美，只追求選擇多樣性。
- 預測每種方案的後果與成本：讓選擇變得有前瞻性，而不是感覺導向。

這五步驟結合了認知行為療法（CBT）與決策心理學，是一種實際又溫和的思考訓練方式。當你將混亂問題化為階段任務，焦慮自然就會降低，你也更容易培養自信心與行動動能。

4. 真正的思考，是帶有情緒智慧的行動設計

我們在解決問題時，常以為只要「想清楚」就好，但其實「情緒穩定」才是讓思考有效的基礎。根據情緒智力理論（EQ theory），當人處於高壓、焦慮、沮喪或自我否定的狀態時，大腦的前額葉皮質區功能會下降，這是負責邏輯思考與計劃的腦區，也就是說：情緒不穩時，你根本無法清晰思考。

《心經》不僅教我們看破邏輯上的執著，也教我們看穿情緒上的誤導。當你練習以「空性」的角度觀察情緒：焦慮來了、它不是我、它會離開 —— 你就能將自己從情緒中抽離出來，重新站在思考者的位置上。

在具體操作上，你可以嘗試「情緒分離式思考」：

- 寫下問題本身，不加入任何情緒描述。
- 另紙寫下與問題有關的情緒感受。
- 在兩張紙之間畫一條線，告訴自己：我可以同時有問題，也可以保持清明。

這個小練習會喚醒你對情緒與思考的區別，並逐漸讓你的大腦恢復整合能力。你會發現，有時問題本身沒那麼難，只是情緒把它包裹成一團難解的繭。

5. 以「無所得」的態度，開展最有效的實踐路徑

《心經》說「以無所得故」，並非鼓勵我們消極、無為，而是要我們放下「非得獲得什麼」的心理壓力，才能全然投入於過程本身。這正是行動導向心理學中最強調的原則：把注意力放在「可以做什麼」，而非「結果要長怎樣」。

當你進入這種狀態，會產生一種內在的「心理慣性」：不再被問題推著走，而是主動迎上前去，把問題轉化成日常任務。你會發現，愈少想著「成就感」，反而愈能沉浸於行動之中，思考就像呼吸一樣自然而持久。

若你想成為一個真正會思考的人，請練習這樣的心態：

- 我不急著想出答案，但我不停止探索。
- 我不以成敗評價自己，但我在意是否前進。
- 我不是為了證明自己對，而是為了找到更合適的方向。

當你擁有這種心性，《心經》所說的「無苦集滅道，無智亦無得」就不再是抽象哲理，而是你在每一次面對問題時都能運用的心理姿態。

第二章
人際關係與情緒智慧

《心經》引文：「舍利子，色不異空，空不異色，色即是空，空即是色。」

解說：關係如影隨形，情緒如浪起伏，只有看見本質皆空、不執著於表象，才能平衡情緒與人我關係。

第一節
學會忘記仇恨：打造心靈的自由

依般若波羅蜜多故，心無罣礙，無罣礙故，無有恐怖，遠離顛倒夢想，究竟涅槃。

1. 心無罣礙：為何仇恨總讓人無法前進？

《心經》這段經文中的「心無罣礙」，是整部經文的心理解放核心。當我們的心因為過往傷害、舊日恩怨或未解的衝突而充滿罣礙時，就會像電腦開太多程式一樣，整體運作變慢、注意力被牽引、情緒無法平衡。

心理學家大衛．卡普蘭（David Kaplan）指出：「未被消化的情緒會形成潛意識記憶痕跡，讓個體在面對類似情境時產生過度反應。」這也就是為什麼，有些人即使事過境遷，仍對某些人、某些詞、甚至某些場景充滿強烈排斥或敵意。

仇恨不只是道德問題，更是心理能量被凍結的表現。你以為是在懲罰對方，其實是在囚禁自己。記住仇恨，不會讓過去改變，只會讓你持續痛苦。

當我們總想著「他傷害了我」、「我絕不原諒他」、「有朝一日我要讓他後悔」，這些念頭雖然帶來短暫的控制感，卻同時植入了長期的心理毒素。你每一次重播傷害，就等於重受一次傷。

學會忘記仇恨，並不是「說原諒就原諒」，而是要先從心理解開罣礙的繩索。正如《心經》所言：只有無罣礙，才能無恐懼、遠離顛倒、進入涅槃。換言之，寬恕不是為了對方，是為了讓你自己可以自由。

2. 無有恐怖：仇恨背後的脆弱真相

當我們深入探討仇恨的心理結構，會發現它並不是單一情緒，而是一個複合情緒綜合體。它通常包含：羞辱感、無力感、恐懼感與自我價值受損。很多人對仇恨的認定是「他讓我生氣」，但其實是「我曾經在他面前覺得自己毫無能力」。

這與《心經》中所提的「無有恐怖」密切相關。仇恨的本質其實是「不願再次受傷的恐懼」。我們仇恨，是因為內心太害怕再經歷一次那樣的被傷害、被看不起、被遺棄的經驗。

精神分析學派認為，很多人的「攻擊性情緒」實際上是一種「替代性控制策略」—— 透過攻擊對方，試圖奪回當初失去的主導權。但這種方式雖然短暫讓人感覺有力，卻無法真正修復內在的匱乏。

想像一下：你在懷恨一個人時，其實你是把大量注意力綁定在他身上，而非自己身上。這就是失去心理主導權的最好例證。你越恨，越證明他還住在你心裡，而且占據最有力的角落。

《心經》說：「無有恐怖，遠離顛倒夢想」，其實是在說：當你放下對過去傷害的恐懼，你才會發現，那些執著本來就是顛倒的。你不是要對方低頭，而是自己不再跪在仇恨前。

3. 寬恕的心理學：不是放過他，而是解救你

在心理學上，「寬恕」是一種有明確研究證據支持的情緒釋放方法。根據史丹佛大學的研究團隊指出，當一個人進入「自願性寬恕歷程」時，大腦中的杏仁核活性降低，前額葉皮質活性提升，顯示出情緒穩定與理性判斷能力的增強。

但多數人對寬恕有誤解，認為那代表「否認對方做錯

事」、「讓自己受委屈」、「輸了氣勢」。這些想法來自社會對「贏者」的誤解。真正的寬恕，是一種對自我情緒主權的收回，而不是對他人行為的合理化。

以下是三步驟寬恕練習法，讓你在心理上逐步鬆綁仇恨：

- 命名傷害：寫下你被冒犯或傷害的經驗，說出來，不逃避。
- 辨識影響：這段仇恨讓你在生活中變得怎樣？更小心？更焦慮？更容易攻擊他人？
- 重構故事：想像你把這段經歷說給十年後的自己聽，他會說：「原來你從那裡走過來。」你的視角就會轉變。

你不是為了讓他人「贏得你原諒」而寬恕，而是為了讓你自己不用再拖著心靈鐵鍊走路。

4. 心理邊界：建立讓仇恨不再回流的心防

許多人說自己「原諒了」，但後來又重新陷入舊情緒，其實問題不在寬恕本身，而在於心理邊界尚未建立。

心理學界普遍認為，成熟的原諒不等於無條件接受，而是建立在清楚界線與自我保護的前提之上。如布芮妮．布朗

(Brené Brown)與諸多關係治療師皆指出：設立心理邊界，是原諒不再傷人的前提。這意味著，即使你選擇放下，也不代表你要重新迎接對方、或繼續容忍相同的行為。

《心經》的「遠離顛倒夢想」，其實可以理解為：你不要以為善良就是毫無防備、寬容就是取消界線。事實上，能夠劃清邊界，正是心理健康者的關鍵能力。

以下是幾個有效劃界的方法：

- 限制接觸：你可以不再主動聯繫某些傷害過你的人，即使你內心已經放下仇恨。
- 設立心理界標：告訴自己：「我不再允許這種行為影響我。」
- 用事實回應舊情緒：當你再次想起那個人時，提醒自己：「那只是曾經的我遇到的某種劇本，我現在已經換頁了。」

這些做法不是復仇，而是讓你的心有結界，有風度，但不再裸奔。

5. 自由的真義：讓內在終於擁有自己的空間

《心經》的結尾是：「究竟涅槃」。這不只是宗教用語，而是一種心理上的極高狀態：完全解脫、內在平靜、沒有卡住。

當你放下仇恨，你會發現，不只是少了一段內耗，你也多了一份空間 —— 能去愛人、信任、冒險、嘗試、創造。那是因為原本被「他」占據的心理空間，終於歸還給你自己。

真正的自由，不是你想罵誰就罵誰、想報仇就報仇，而是你有能力選擇不受那些過往牽引。當你有選擇的能力，你才有真正的自由。

忘記仇恨，不代表你軟弱、天真或退讓，而是你比傷害更大、比憤怒更有力、比過去更往前。這樣的你，才配得擁有一顆真正自由的心。

第二節
平衡人際關係：從容應對誹謗與批評

三世諸佛，依般若波羅蜜多故，得阿耨多羅三藐三菩提。

1. 無懼聲音：為什麼誹謗最容易撼動內心？

《心經》中這段經文提到「三世諸佛皆依般若波羅蜜多而得正覺」，意指無論過去、現在或未來，成就智慧的關鍵都在於一種深層的覺察力。這在心理學上對應的正是「穩定的自我定位感」（stable self-concept）：當你知道自己是誰，你就不會輕易被外界的聲音動搖。

現實中，絕大多數人不是被事實擊倒，而是被流言左右。職場中被背後說閒話、朋友圈裡被誤解、公開場合被酸言酸語戳到……這些誹謗與批評之所以如此有殺傷力，是因為它直接碰觸了我們「想被喜歡、被理解」的心理需求。

心理學家亞伯拉罕·馬斯洛（Abraham Maslow）在需求層次理論中指出：「被尊重」與「歸屬感」是人的基本心理需求之一。一旦這些需求受到威脅，我們的防禦性就會被迅速喚起，進而出現過度反應——不是憤怒反擊，就是逃避退縮。

但你要明白，別人說的話本身並沒有力量，真正讓你受傷的，是你相信了那句話。正如《心經》所言：「得正覺」，並非沒有風雨，而是風雨來時，你知道自己不是那片飄搖的樹葉，而是根深蒂固的大地。

2. 你怎麼看自己，決定你怎麼回應別人

在心理治療中，有一個核心問題是:「你如何看待自己？」這句話並非哲學提問，而是影響你如何回應外界批評的關鍵。

當你自我認同是模糊或脆弱的，任何一個負面評價都可能變成你自我價值的審判。別人說你不夠好，你就懷疑自己是不是真的沒價值；別人說你在耍心機，你就焦慮是不是大家都不信任你。

《心經》說「般若波羅蜜多」，這是梵文「超越智慧」的意思。真正的智慧不是聰明伶俐，而是知道什麼該放進心裡，什麼該讓它隨風而過。

要練習這種心態，請記得這三個心理原則：

評價是對方的視角，不是你的真相

批評可能源於誤解、投射、嫉妒或單純情緒發洩，它不一定是事實，只是角度。

你有權選擇相信什麼

你無法控制別人說什麼，但你能決定哪句話進得來。

你不是評語的總和

你的價值，不等於社群媒體上的評分、主管的批注或親友的標籤，而是你在持續前行中的每一次選擇。

當你開始區分「我是誰」與「別人說我是誰」之間的差距，你就真正踏上情緒自由的起點。

3. 誹謗的心理學：他們其實不是針對你，而是無法面對自己

誹謗者為什麼要貶低你？許多人誤以為是「我真的有問題」，但事實上，很多攻擊並非來自你做錯什麼，而是你「存在的樣子」讓對方感到不舒服。

這在心理學中叫做「陰影投射」（shadow projection）：人們會將自己不想面對的弱點、欲望、匱乏，投射到他人身上。例如：一個內心極度自卑的人，可能會攻擊表現出自信的人；一個覺得自己努力沒有回報的人，會攻擊成功者為「走後門」。

當你成為誹謗對象，很多時候不是你不夠好，而是你太真實、太清晰、太閃亮。你照出了對方尚未整合的自我，而這會讓他極度不適。

面對這樣的情況，最不需要做的，就是解釋。你越想證明自己清白、合理、無辜，越會陷入對方設下的論述陷阱。真正的力量在於：不解釋、不配合、不被操控。

正如《心經》所說：「遠離顛倒夢想」，誹謗本身就是顛倒的、虛幻的、內心投影的。若你能看穿背後心理運作，便不

再陷入「為什麼他這樣對我」的受害者循環，而能平靜地說：「這不是我的故事。」

4. 回應的藝術：你可以溫柔，也可以有界線

從容，不等於軟弱。面對誹謗與批評，我們既不能情緒化反擊，也不能完全沉默無言。真正的從容，是一種有策略、有界線、有姿態的回應方式。

心理溝通專家馬歇爾·羅森堡（Marshall Rosenberg）提出「非暴力溝通」模型，其中強調四個回應步驟：

- 觀察而不評價：「我聽見你說我處理專案時不夠負責任。」
- 感受而不指責：「我感到有些錯愕與失落。」
- 需求而非辯解：「我希望有機會澄清具體情況。」
- 請求而非命令：「你願意聽我說說那段過程的細節嗎？」

這種方式能讓你在表達自我之餘，也不掉入情緒對抗中。你不需要證明自己無辜，只要讓界線清晰，讓尊嚴保留。

當你學會以「溫柔但堅定」的姿態回應批評，你的內在就會越來越穩，而不是每次都像被針刺到一樣跳起來。這種穩定，就是修行的成果，也是《心經》中「阿耨多羅三藐三菩提」的現世演繹。

5. 你是你的主人：無論誰說了什麼

《心經》的核心在於「超越」—— 不僅超越痛苦、超越恐懼，也要超越他人對你的定義。

在現代心理學中，這種「心理主權感」(psychological ownership)是健康人格的重要特徵。你知道自己是誰、為什麼這樣選擇、如何承擔結果，也就不會被他人的聲音牽著走。

你不是社群標籤，也不是輿論的浪花，更不是誰口中版本的你。你是你 —— 你有缺點、有力量、有故事，有未完成的樣子。

你能面對批評，但不被它定義。你能聽見誹謗，但不讓它侵蝕。你可以回應，也可以選擇安靜離場。最重要的，是你仍然走在自己的路上，心中穩如山，目光如炬，腳步如流。

這，就是《心經》說的「般若」—— 一種在混亂中仍保持清明的智慧。

第三節
把握當下：珍惜每一次相遇

故知般若波羅蜜多，是大神咒，是大明咒，是無上咒，是無等等咒，能除一切苦，真實不虛。

1. 相遇是一種祝福，但我們常常不在場

《心經》在這裡提到般若波羅蜜多的力量：「能除一切苦，真實不虛」，這句話看似神聖莊嚴，實則提醒我們一個最簡單卻最難實踐的事實 —— 苦來自「心不在」，而智慧的開始來自「真正活在當下」。

人與人的相遇，就是這樣的道理。我們在一場飯局中想著未完成的報告，在對話中心裡還卡著剛剛的訊息，甚至在擁抱中腦中浮現的卻是接下來的行程。這樣的「身在心不在」，是現代關係中最常見的孤獨來源。

心理學家艾克哈特．托勒（Eckhart Tolle）曾說：「痛苦不是發生在過去或未來，而是來自你對當下的逃避。」而我們對人際關係中的逃避，也往往不是出於不愛，而是缺乏與當下相處的能力。

若你回想人生中最溫暖的時刻，是否總是那些對方真的「看見你」、「聽見你」、「在你身邊」的片刻？而這樣的品質，其實不是金錢或條件能創造的，而是來自一種專注、一種真誠。

這就是「真實不虛」的涵義：在每一次人與人的接觸中，你如果在場，那就會成為一段有意義的關係痕跡；你若缺席，再多次的見面也只是一種形式。

2. 為何我們總在錯過真正重要的時刻？

人際中的失落，往往不是因為對方離開了，而是「他在的時候我們不曾珍惜」。這不全然是情感冷淡的問題，更深層的原因在於：我們的心習慣性地停留在過去或焦慮未來，導致我們無法好好待在「此刻」。

這在心理學上稱為「時間分裂式認知」（temporal dissociation），也就是大腦無法同步於當前經驗，總是預設更重要的事情在之後發生，而忽略正在發生的現實。

這樣的心理機制，在現代人壓力大、訊息爆炸的生活節奏中尤為常見。許多人一邊見朋友一邊滑手機、與家人共餐時心思卻仍被工作綁架、明明在一段親密關係裡卻腦中反覆盤算下一步要不要結束。

我們對「當下」的漠視，其實源於一種文化式的不安：總覺得現在不夠好、不夠多、不夠安全，必須更快、更多、更有效。但《心經》早已提醒我們 —— 真正能除苦的，不是再多的布局，而是「當下覺察」本身。

你若學會讓心駐留於此刻的呼吸、眼前的人、當下的感受，世界便會因此而不一樣。

3. 練習在場：如何讓每一個關係變得真實？

「在場」不是一種概念，而是一種心理技能。心理學稱之為「情緒存在感」（emotional presence），也就是你能不能讓對方感覺到：你此刻的心是放在他身上的。

這不必靠刻意的說教或炫技，而是來自幾個簡單但強而有力的行為：

- 眼神專注：不躲避、不分心、不查看手機。
- 傾聽反映：重述對方的重點句，讓他知道你在理解而非等待回應。
- 同步情緒：當對方談起難過的事情時，你不急著開導，而是允許自己同理他的情緒，哪怕只是一句「我懂你這樣一定很難受」。
- 慢下來的語速與動作：你越穩定，對方越能安心。

研究顯示，這些行為即便只維持短短十分鐘，也能讓關係中的信任感與連結感提升 50%以上。

而這樣的練習，其實就是《心經》中的「咒」—— 不是神祕詞語，而是「讓你回到當下」的心理咒語。你每一次願意停下心緒的浮動，就是一場對當下的致敬，也是對對方的真正尊重。

4. 每一次相遇，都是一次心靈的交換

你有沒有發現，某些人就算只見過一次，卻在你心裡留下極深刻的印象？而某些人你天天見，卻完全記不起他的存在。差別不是時間長短，而是「你們是否真誠地遇見彼此」。

人際心理學中有一個概念叫「心理印痕」（psychological imprinting），指的是人在關係中所留下的深層心理痕跡。這種印痕的產生，來自於雙方在相處時的情緒交換是否有「共振」。

你是否曾被一句「我一直記得你那次為我做的事」感動？是否曾在多年後仍記得某人當時給你的一句理解？這些其實就是你們在那個當下真正「交換了心」的證明。

因此，我們不應將相遇當作日常，而是當作「生命正在示現的機會」。你不知道眼前這個人是否會成為未來的摯友、

生命轉折的關鍵、或只是給你一個短暫溫暖的旅人。

但你可以選擇 —— 是否讓他感受到，你曾真心存在過。

5. 讓每一個當下有重量，你的人生才有溫度

《心經》的最後總結「真實不虛」，其實是一句最溫柔也最實際的話。人生不會因為你努力而不被誤解、不會因為你善良而不遇背叛，但你仍可以選擇：每一次與人的接觸，都是真實的，都不虛偽、不敷衍。

當你練習這樣的活法，關係也會開始回報你：對方會卸下防備、開始真誠相對、進入更深層的理解與陪伴。這樣的你，不需要用表現換關係，也不需要靠控制留住人心，因為你早已用「完整的當下」留下最好的版本自己。

請記得，珍惜不是一種美德，而是一種能力 —— 它能讓你不再錯過愛，不再推開溫暖，不再辜負每一段曾出現在你生命裡的陪伴。

當你開始練習在每一段關係裡活出「真實不虛」，你就會發現，人生從此不再是孤單的旅程，而是充滿彼此照亮的同行。

第四節
明智的放棄：學會放下的智慧

故說般若波羅蜜多咒，即說咒曰：揭諦揭諦，波羅揭諦，波羅僧揭諦，菩提薩婆訶。

1.「放下」不是輸，而是選擇前進的起點

這段《心經》末尾的咒語「揭諦揭諦，波羅揭諦，波羅僧揭諦，菩提薩婆訶」的意思是「去吧，去吧，去到彼岸吧，到真正的覺醒彼岸」。這是一種超越、通達、轉化的邀請。而能夠「去」，就代表你有能力「放」。

在日常生活中，我們對「放下」的理解常常被誤會為「認輸」、「逃避」、「不負責任」。但真正的放下，其實是經過深刻覺察與成熟思辨後的主動選擇。心理學上稱這種行為為「建設性撤退」(constructive disengagement)，意指在理性評估自身資源、局勢變化與長期結果後，所作出的最有益選擇。

我們常執著於某段感情、某個目標、某份工作、甚至某種身分，只因為「我已經投入太多」，這在心理學中被稱為「沉沒成本謬誤」(sunk cost fallacy)。人類天生不願意承認錯誤或放

棄既有投入，於是寧可繼續卡在困境中，也不願鬆手轉彎。

然而，正如《心經》所言：「揭諦」，人生有時的智慧，不是再撐下去，而是知道哪裡該止步、哪裡該轉身。真正成熟的放下，不是從失望出發，而是從看清出發。

2. 情緒不是放不下的理由，而是放下前的試煉

人們之所以無法放下，並不是因為事情真的還有希望，而是因為情緒尚未被釋放。這在心理治療中被稱為「情緒延宕依附」(emotional residue attachment)——我們不是掛念那個人或那件事，而是掛念「在那段關係或處境中我們的樣子」。

舉例來說，有人明知道一段感情已經無法挽回，卻依然難以放手，原因往往不是對方，而是自己在關係裡曾經的「付出感」、「自我價值感」、「理想化的未來圖像」尚未解構完成。

心理學家蘇珊．安德森(Susan Anderson)在研究情感依附時指出，真正的放下過程往往分為四個階段：

- 否認與抗拒：覺得「還有可能」、「不該放棄」。
- 悲傷與焦慮：對失去產生情緒反應。
- 理解與重構：開始用新的視角看待事件。

◆ 釋放與前行：能夠記得，但不再被綁住。

每個階段的核心，其實都是「與自己過去版本的道別」。當我們願意放下，其實是放過那個曾經堅持、期待、想拯救一切的自己，轉而擁抱一個更成熟、更清晰的我。

3. 放下不是清空一切，而是保留選擇權

「學會放下」不代表你從此不再牽掛、不再感覺，也不是否定過去的價值。真正的放下，是重新奪回你對自己情緒、時間、資源的主導權。它不是一種剝奪，而是一種釋放。

在決策心理學中，有一種被廣泛應用的概念叫「機會成本認知」（opportunity cost awareness），即當你堅持一個無效選項時，你就正在錯過其他更值得的選擇。

如果你總耗費精力在一段對你沒有滋養的關係裡，那麼你可能錯過與更適合的人的連結；如果你不肯放棄一份早已讓你身心俱疲的工作，那麼你將無法探索自己的潛力所在；如果你執著於某個不能實現的幻想，那麼你將永遠無法享受現實中的幸福。

這不是悲觀的妥協，而是對「時間不可逆」、「資源有限」這個現實的清醒回應。

正如《心經》用「波羅揭諦」來暗示：通往彼岸的路上，必定要先讓原本擁抱的東西逐一鬆手。放下，是為了讓雙手有能力接住更合適的東西。

4. 練習放下的方式：從具象開始鬆綁

放下不是一句口號，而是一連串可以被具體練習的心理動作。以下提供三種實用策略，協助你在日常生活中練習放下：

書寫釋放法

每天花十五分鐘，寫下自己想放下的人、事、情緒。重點不是寫得多動人，而是讓那些反覆在心裡纏繞的念頭，轉化為具體文字，從「內在占位」轉移到「外部承載」。

放下儀式化

給自己一個小儀式，象徵與過往斷開。例如：將寫給某人的信件放入瓶中封存、將某物品送出、選擇在某一天正式對自己說再見。這些象徵性的行為有助於你的大腦認知真正的轉換。

覺察語言轉化

觀察自己講話時的語句，若總是出現「我就是放不下」、「我還是走不出來」，試著改成「我正在學習放下」、「我在經歷一個過程」。語言的轉變會讓你逐步從無力感走向自主性。

記得，放下不是一次性行動，而是一種反覆練習的心理肌肉。你越練習，它就越有力。

5. 當你敢走，世界才敢開路

「菩提薩婆訶」這句話，意指「願一切智慧與覺醒圓滿」，是一種祝願，也是一種宣示。你在決定放下的那一刻，不是結束，而是旅程的正式開始。

當你從錯誤關係裡退場，才有空間進入真正的親密；當你放棄與過去拉扯，才有餘力規劃未來；當你勇敢對某個沉重告別，才會發現原來輕盈不是幻想，而是你給自己的禮物。

這個世界並不懲罰你的放手，它只是等待你明白：那些你抓不住的，其實也早就不再屬於你。真正屬於你的，是放下之後，那個能更自在、更清晰、更寬廣的你。

願你每一次放下，都是一場真正的覺醒。

第五節 情緒轉換術：從憤怒到平靜的練習

揭諦，揭諦，波羅揭諦，波羅僧揭諦，菩提薩婆訶。

1. 憤怒不是壞情緒，而是你內在訊號的響鈴

我們常把憤怒視為負面情緒，覺得那是不成熟、失控或粗魯的象徵，但其實憤怒本身並不「壞」。心理學家馬歇爾·羅森堡(Marshall Rosenberg)認為：「憤怒是我們內在需求未被滿足時發出的強烈訊號。」它不是問題本身，而是問題被忽略太久的表現。

在《心經》的咒語中，「揭諦」是「去吧」的意思，連續四次「揭諦」代表一種不斷行進、不停轉化的心理歷程。這與憤怒的處理極為相似——當你只是壓抑，它不會消失；當你否認，它會變形為冷漠或攻擊；唯有你願意「讓它走」、讓它循著適當方向流動，情緒才會回歸平靜。

你越否定自己的情緒，情緒就越會在潛意識中反撲；你越願意正視並理解它，它就越會成為推動你成長的力量。正

如《心經》所說的「菩提薩婆訶」—— 當你完成轉化，真正的覺醒才會發生。

2. 憤怒的五重假面：找出你真正的需求是什麼

我們看起來是生氣，其實底層可能是很多別的東西。在心理動力學中，憤怒常常是其他未被表達情緒的「代理人」。若你未能辨識憤怒背後的來源，便容易將情緒投射在錯誤對象上，傷人也傷己。

常見的憤怒假面包括：

- 受傷感：「你讓我失望」其實是「我很在乎你但你沒有珍惜」。
- 羞辱感：「你憑什麼這樣看我？」其實是「我覺得自己不被認可」。
- 失控感：「為什麼你都不聽我說？」其實是「我覺得自己無能為力」。
- 被背叛感：「你明知道我會難過還這樣做」其實是「我信任你但你讓我受傷」。
- 壓抑感：「我已經忍你很久了」其實是「我害怕衝突所以長期壓抑自己」。

這些假面不是錯，而是你當下最能用的保護機制。但當你能一層層揭開，看到「我是想被聽見」、「我是希望你愛我」、「我是擔心自己不夠好」，你才真正開始轉化。

情緒轉換，不是從怒氣變成笑容，而是從防衛回到真實。

3. 情緒的動能轉換：從火焰到引擎的練習法

情緒本質是能量。心理學家大衛·霍金斯（David R. Hawkins）在「情緒能量地圖」中指出，不同情緒對應不同能量頻率。憤怒位於中高層，它比冷漠高，但比寬恕與愛低。也就是說，憤怒其實是「動能高但方向混亂」的情緒。

若能善用，它就能成為行動力的燃料；若處理不當，它則會燃燒人際與自我。

這裡有三個情緒轉換實作技巧：

「覺察延遲五秒法」

當你感到怒氣升起時，不立刻回應，默數五秒並觀察自己的呼吸。這個間隔能讓你從情緒腦（杏仁核）切換回理性腦（前額葉皮質），避免衝動決策。

「語言轉化法」

將「你為什麼總是這樣？」轉為「我感到難過，因為我很在意這件事。」這不只是說法不同，而是整個溝通氣氛的轉變。

「身體排解法」

情緒能量也儲存在肌肉與神經中。透過運動、呼吸法、快走或輕微出汗，都能幫助這股能量被「導出」，而不留在體內製造毒性。

別讓憤怒成為你內心的火山，學會轉化，它反而能成為你人生的動力系統。

4. 平靜不是沒有情緒，而是有容納情緒的空間

很多人誤以為情緒穩定的人是不生氣的人，其實恰恰相反。真正的平靜是：「我知道我正在生氣，但我能處理它，不讓它控制我。」

這與《心經》所說的「菩提薩婆訶」相呼應——覺醒不是來自逃避情緒，而是面對它、理解它、穿越它。你愈能接納憤怒的存在，就愈能掌控它的發展方向。

心理學上這叫「情緒涵容力」（emotional containment），是成熟人格的一種表現。你不是沒有情緒，而是能為情緒提供一個「安全的心理容器」。

這樣的人，能在激烈的爭執中保持清楚的語氣，能在難堪的批評下維持基本尊重，能在挫敗後選擇重整而不是破壞。

你若想成為這樣的人，請記得：不是要壓抑情緒，而是練習接住它。

5. 真正的轉化，是讓自己再次溫柔

當你真正從憤怒回到平靜時，你會發現一件事：你不是變得軟弱了，而是變得溫柔了。這種溫柔，不是懦弱、不是逃避，而是一種有力量的慈悲——你懂得了自己，也開始理解他人。

當你能看見自己憤怒下的需求，你也會開始理解他人行為背後的痛苦。這不是為了他人原諒而寬容，而是為了讓自己不再被仇視困住。

如同《心經》最後的咒語，是「去吧、超越吧、成為智慧的人吧」——這不只是一句祝福，更是一種邀請：從憤怒出發，穿越心的迷霧，走向那個更自由、更清晰的自己。

你不是因為不憤怒而平靜，而是因為你願意面對憤怒，才開始走向真正的平靜。

第六節　多疑與焦慮的克服策略

以無所得故，菩提薩埵，依般若波羅蜜多故，心無罣礙。

1. 多疑是恐懼的面具，焦慮是控制的渴望

《心經》這段經文強調「以無所得故，心無罣礙」，本質上是教導我們放下對控制與結果的執著。這句話若轉譯成心理學語言，其實就是：我們越是想掌控，就越容易焦慮；我們越怕失去，就越容易多疑。

多疑不等於謹慎，焦慮也不等於負責。許多看似合理的擔憂，其實是內在不安全感的投射。你不是因為「有跡象」才懷疑，而是因為「太怕受傷」而過度預測。

心理學家羅伯特·萊希（Robert Leahy）在其研究中指出，多疑與焦慮最核心的驅力，是對「不確定性」的過敏。這種過

敏反應讓人無法停留於當下，總在腦中模擬最壞劇本，並為它提前焦慮。

當你常懷疑別人會騙你、伴侶會背叛你、同事會算計你，請先問自己：「我真的是因為對方可疑，還是我內心無法承受信任的風險？」

《心經》中的「無所得故」正是提醒：當你願意鬆開「我必須知道一切、控制一切、避免一切錯誤」的執念，你的心才會真正自由。

2. 多疑如何悄悄破壞關係？

多疑看似是一種自我保護機制，但它往往變成一種關係中的慢性毒藥。

心理學上稱之為「認知偏差的回饋循環」（cognitive feedback loop）：當你懷疑對方不夠真誠，你便開始用防衛、測試、試探的方式對待他，對方感受到壓力後行為變得疏離或緊張，你便更相信「果然有問題」，進一步加深懷疑。

這種惡性循環在親密關係中特別常見，甚至可能毀掉原本沒有問題的連結。

例如：你因為過去經歷過背叛，所以現在面對一個正常下班未接電話的對象時，立刻推演成「他是不是在騙我？是不是有外遇？」這類念頭會導致你反覆追問、懷疑、翻找、甚至指控，最終讓原本正常的互動變質。

《心經》中的「心無罣礙」不是讓你天真相信每個人，而是提醒你不要讓心被過去經驗定義當下的關係。當你願意用當下的事實而非過去的陰影判斷世界，你才能走出焦慮構築的幻象牢籠。

3. 焦慮是未來在你的腦中製造戰爭

焦慮的最大特徵，就是「把未來的事當現在煩，把未發生的事當真發生」。這種心理狀態不只是情緒問題，更是一種「時間感知錯亂」。

在神經科學研究中，焦慮者的大腦「預設模式網路」（default mode network）活性特別高，這是掌管預測未來、自我反思與想像的腦區。當你越焦慮，這個系統就越活躍，讓你不停模擬災難情境，並試圖控制所有可能的風險。

這樣的腦運作雖然是為了保護你，但長期下來卻會造成以下三種傷害：

- 決策遲緩：總覺得不夠準備、不敢冒險。
- 身體症狀：如胃痛、失眠、胸悶、呼吸短促。
- 人際隔離：因擔心被誤解或失控而選擇避免互動。

《心經》鼓勵我們練習「般若波羅蜜多」，這不只是一種智慧，也是一種回到當下的心法——讓你從未來的恐懼退回到此刻的實在，從模擬災難退回到具體行動。

4. 克服多疑與焦慮的三階段練習法

情緒不能強壓，但可以重塑。以下提供一套三階段的心理練習法，幫助你有效轉化多疑與焦慮：

第一階段：覺察與命名

當你感受到不安或懷疑時，請停下來問自己：「我現在焦慮的是事實還是想像？」寫下來，區分真實與投射。

第二階段：重建敘事

用第三人稱的角度重述事件，例如：「小華覺得對方不回訊息是不是冷淡了？但其實對方正在開會也說不定。」這種敘事方式能降低主觀情緒強度。

第三階段：行動介入

焦慮最大的解藥是行動。與其一直猜測、腦補、緊張，不如主動做點什麼。可以是寫信釐清、安排對話、或是單純轉移注意力去做一件具體的事（整理房間、運動、閱讀）。

當你越常進行這樣的情緒再調節練習，大腦會逐漸學會：「我可以不被念頭控制，我有選擇情緒的能力。」

5. 信任不是因為世界值得，而是你願意相信自己

最終，多疑與焦慮的解藥不是找到「百分百可靠的世界」，那樣的世界不存在。真正的自由，是你可以在不確定的世界裡，仍然安住於自我。

《心經》說「心無罣礙，無罣礙故，無有恐怖」。當你不再被得失操控，不再被懷疑牽著走，你的心才能真正有餘裕感受、連結、冒險、創造。

你不必信任所有人，但你可以信任自己有看見、承擔與修正的能力。你也不必控制所有事，但你可以調整自己如何應對每一次的變化。

當你能夠在混亂中保有穩定，在不確定中持續前進，那便是最真實的「菩提薩婆訶」—— 在塵世中練就清明的心，從而獲得平靜的自由。

第三章
抗壓與逆境管理

《心經》引文：「受想行識，亦復如是。」

解說：逆境中所生起的感受、想法與行動，都無須固著，認清一切如流變幻，才是穿越困難的關鍵。

第一節
逆境中的錘鍊：從困難中成長

心無罣礙，無罣礙故，無有恐怖，遠離顛倒夢想，究竟涅槃。

1. 真正的成長，不來自順境

《心經》中「無罣礙故，無有恐怖」，道出了一個深奧卻實用的真理：恐懼並非源自外在事件本身，而是內心的執著與牽絆。而逆境，正是一面明鏡，照見我們對控制的執著、對失敗的恐懼、對自己能力的懷疑。

從心理學角度來看，逆境之所以讓人痛苦，不僅因為事件本身難熬，更因為它強迫我們「面對自己」。當生活順遂時，我們可以用忙碌、成就、外在肯定來填補內心的不安；

但一旦跌入困境，所有原本依賴的心理支柱瞬間崩塌，留下赤裸的自我，正是成長的起點。

瑞士心理學家卡爾·榮格（Carl Jung）說過：「你的人格是在面對黑暗時被鍛鍊出來的。」逆境不會給你答案，但會讓你產生問題，並迫使你重新認識自己。許多人成為今天的樣子，不是因為一路順遂，而是因為他們曾經熬過痛苦，而不再是過去那個自己。

2. 抗壓不是硬撐，而是靈活適應

當我們談到「抗壓」或「堅強」，容易出現一種誤解：撐住、吞下去、不准倒下。然而，心理韌性（psychological resilience）真正的定義，並不是「毫不動搖」，而是「經歷動搖後仍能回彈與修復」。

美國心理學會（APA）對韌性的定義是：「個體面對壓力、創傷、悲劇、威脅或重大挑戰時，能夠有效適應與恢復的過程。」重點在於適應，而非抵抗。你可以崩潰、可以哭泣、可以徬徨，但只要你能在混亂中逐步重建秩序，就已經走在抗壓的道路上。

《心經》裡的「遠離顛倒夢想」，其實就是在提醒我們放下對「完美無痛人生」的幻想。人生本就起伏不定，抗壓者不是比誰比較不倒下，而是誰能在倒下後比昨天再站穩一點點。

心理研究顯示，高韌性者有三個共同特質：

- 擁有意義感：即使在苦難中，也能找到這段經歷對自己的啟發或價值。
- 彈性思維：能從不同角度看待問題，而不陷入僵化邏輯。
- 支持系統：知道什麼時候該求助、不把所有情緒壓在自己身上。

所以，請別再問自己「我怎麼這麼脆弱？」而是問：「我該怎麼重新組合自己？」

3. 逆境重構術：如何讓困難變成養分

你有沒有發現，有些人面對同樣的打擊能越挫越勇，有些人卻從此一蹶不振？差別不在經歷，而在於「意義的建構」。心理學家維克多．法蘭克（Viktor Frankl）在集中營中失去一切，卻寫下了經典名著《活出意義來》，其核心概念就是：「當人知道『為何而活』，就能承受任何『如何而活』。」

這也就是「逆境重構術」的關鍵所在——你如何詮釋自己的困難，會決定它是否成為成長的踏腳石，還是自我否定的墳場。

這裡有三個逆境重構的提問法，可幫助你轉換視角：

- 這件事讓我學到什麼？
- 不是為了正能量，而是實際釐清教訓與收穫。
- 我在這段經歷中是怎麼撐下來的？
- 回顧自身資源，重建自信基礎。
- 如果我能幫助一個遭遇相同的人，我會對他說什麼？
- 把焦點從受害轉為支持者，從內耗轉為貢獻。

《心經》的智慧在於：你不需要否認苦的存在，但你可以選擇如何回應苦。困難來了，不代表你被打敗，而是你被叫醒，該升級了。

4. 成長型思維：逆境是開發潛能的劇本

史丹佛心理學家卡蘿．杜維克（Carol Dweck）提出「成長型思維模式」（growth mindset），強調能力不是固定的，而是可以經由挑戰與學習持續成長。這種思維方式能讓人在困境中看見機會，而不是陷入無力感。

例如：當你失敗時，固定型思維會說：「我不行，我就是沒天分。」而成長型思維會說：「這個做法不行，那我換一種方式試試。」兩種內在語言的差異，決定了你在逆境中的選擇與未來的差距。

而要從逆境中活出成長型思維，你需要具備以下心態：

- 相信努力與策略比天賦更重要
- 接受錯誤是學習的一部分
- 不用成功證明自己，而是讓過程改變自己

這與《心經》所說「心無罣礙，無有恐怖」不謀而合。當你放下「我一定要成功」、「我不能失敗」的執念，你的心就不再被恐懼牽制，而能真正專注於眼前的挑戰。

你會發現，原來每一次撞牆，不是要阻止你，而是逼你改變角度，看見過去看不見的出口。

5. 究竟涅槃：從苦難中誕生的自我蛻變

「究竟涅槃」在《心經》中不僅是宗教境界，也是一種心理完成狀態 —— 當你不再逃避逆境，而是與它合作、在它的推力下脫胎換骨，你便完成了從受難者到創造者的心理轉變。

這種轉變並不容易，但是真實的。心理學家理查 · 泰德斯基（Richard Tedeschi）稱之為「創傷後成長」（post-traumatic growth）：經歷重大困難的人，往往能在事件之後發展出比以

往更深的同理心、更強的價值感與更高的人際連結力。

這些人不是天生堅強，而是在一次次破碎後，選擇重新拼回更完整的自己。

所以，不要急著離開逆境。你可以痛、可以累、可以停下，但不要誤會了：這不是終點。你仍在錘鍊之中。像鋼一樣的心，是在火裡煉出來的；能安穩的笑容，是在淚裡發酵的；真正走得遠的人，往往不是走得順的人，而是扛過最難路的人。

你正在經歷的，不是打擊，而是鍛造。請深信，那些困難會變成你的力量原型。

第二節
理性面對挫折：心理突破法

無眼耳鼻舌身意，無色聲香味觸法，無眼界，乃至無意識界。

1. 為什麼我們那麼害怕挫折？

《心經》在這一段提到「無眼耳鼻舌身意，無色聲香味觸法」，這不僅是對感官世界的描述，更深層是教導我們：不要將一切外在現象視為絕對，否則容易受制於短期感受的牽引。挫折之所以讓人恐懼，很大一部分是來自於我們對「失敗感」的過度感官反應。

在心理學中，這種現象可見於災難化思考（catastrophizing）與情緒放大傾向，即個體會將負面事件在心理層面過度放大——一次簡單的錯誤，就被解讀為「我不行」、「我沒用」、「我永遠做不好」。這些誇大的自我敘事，才是讓挫折變痛苦的真正來源。

人們通常以為「怕失敗」是為了避免損失，事實上，「怕失敗」更是一種身分危機——我們害怕這些失敗會動搖「我是一個有能力、有價值的人」的內在信念。這種自我價值依賴成功的結構一旦崩解，心理就會進入混亂甚至自我厭惡。

然而《心經》教我們放下「眼界」與「意識界」的執著，提醒我們：你不是你所經歷的事件，你不是你犯的錯。你是那個正在經歷、正在學習、正在突破的人。

2. 挫折不代表失敗，而是心理系統的回饋

當我們經歷一次挫折，例如面試失敗、專案沒過、關係破裂，最常見的反應是：「我怎麼搞砸了？」但在心理學中，挫折其實是一種系統訊號，告訴你「某個策略或期待與現實產生了落差」。

這個機制在認知行為療法（CBT）裡被稱為「自動思維的檢查」（automatic thought challenge），也就是學會不再對挫折反射性地歸咎自己，而是退一步去檢查：我當時用了什麼方法？我的預期是否過於理想化？有沒有其他路徑可以嘗試？

理性看待挫折的第一步，不是壓下情緒，而是讓自己慢下來，避免「情緒推論謬誤」（emotional reasoning fallacy）—— 也就是「我覺得很失落＝我真的很糟糕」。

請記得這個公式：

挫折≠失敗≠無能
挫折＝策略失效＋資源不足＋系統複雜

當你能用這種角度看待問題，你會發現，許多挫折只是「還沒掌握」而不是「不適合」。這讓你從自我批判中抽離出來，重新進入調整與進化的節奏。

3. 建立理性思考的內在對話

要能夠理性地面對挫折，你必須先有能力在腦中與自己對話，這種對話我們稱之為「內在認知教練」(inner cognitive coach)。它不是單純自我安慰，而是一套能幫助你重建觀點、調整策略的思考路徑。

這裡提供一組「ABCDE 思考架構」，來協助你拆解每一次挫折後的情緒反應：

- A（Adversity）：發生了什麼事？
- B（Belief）：我怎麼看待這件事？
- C（Consequence）：我的情緒或行為是什麼？
- D（Dispute）：有沒有更合理的解釋？
- E（Effect）：當我這樣看時，我的情緒有沒有不同？

這個架構源於認知行為治療大師艾伯特 · 艾利斯 (Albert Ellis) 的理性情緒治療法 (REBT)，他認為人類痛苦的來源並不是事件本身，而是我們對事件的看法。

這與《心經》中「無意識界」的精神一致：放下慣性思維，開啟覺察與重組的能力，你就能讓每一次挫折成為認知重建的練習場。

4. 從挫折中生成行動，不是沉溺反省

許多人在面對失敗時容易掉入過度反省的陷阱，反覆問自己「我到底哪裡錯了？」、「為什麼我總是不夠好？」這種反思雖然初衷是想進步，但若沒有轉向行動，最終只會導致「認知疲憊」與「自我懷疑」。

心理學稱這種狀態為「反芻思維」（rumination），這是憂鬱與焦慮的常見誘因。要有效處理挫折，關鍵在於把思考轉為行動，這叫「前饋導向學習」（feedforward learning）——你不是追究責任，而是開始找下一步要怎麼調整。

例如：

- 與其想「我怎麼又搞砸簡報」，不如問：「我下次可以先請主管幫我試講一次嗎？」
- 與其懊悔「我說錯話讓對方誤會」，不如練習：「下次我可否先問對方的想法再表達自己？」

這樣的轉化，就是把情緒能量導入行動脈絡，也就是《心經》中所強調的「遠離顛倒夢想」：放下內耗的幻想與自責，才能進入真實世界的改善循環。

5. 心智突破不是一下到位，而是一次次校正後的自我認可

心理上的突破，不會是某一天你突然開竅，而是一次次微小修正的累積。你從第一次覺察「我好像又掉入舊模式」開始，到願意停下來對話，到慢慢試著用新方式行動，這些都在悄悄地改變你對自己的理解。

心理學家丹尼爾·康納曼（Daniel Kahneman）指出，大腦有兩個系統：自動系統（System 1）和理性系統（System 2）。要從挫折中進步，我們需要暫停自動系統，啟動更慢、更深層的系統 2 進行反思與選擇。

而這種啟動，其實就是《心經》所說的「般若波羅蜜多」——一種有意識的覺照，一種願意跳出情緒循環、看清心中執著的智慧。當你從錯誤中建立出新的模式，當你不再害怕面對低谷，你的突破早已在路上。

你不需要某天徹底改變，你只需要每天多撐五分鐘、少責備自己一句、多試一種方法。每一個小小的調整，就是心理系統的微創手術，日積月累，就是人格的重塑。

第三節
苦中作樂：心理韌性的鍛鍊

依般若波羅蜜多故，心無罣礙，無罣礙故，無有恐怖。

1. 苦不是終點，是情緒韌性的起點

《心經》這段經文中的「心無罣礙，無罣礙故，無有恐怖」是鍛鍊心理韌性的關鍵提示。真正的苦，往往不是事件本身，而是我們對事件產生的內在反應。當你心中充滿「我不該這麼倒楣」、「我怎麼又碰到這種事」，你就會陷入無止境的情緒勒索。

心理學中的「逆境商數」(adversity quotient, AQ)強調：人在困境中持續保持彈性與動力的能力，比智商與情商更能預測一個人能否長期成功。韌性不是天生的，而是在一次次痛苦中，練出來的。

真正的韌性不是「不會痛」，而是「痛了還能站起來」。不是「不會跌倒」，而是「跌倒了不責備自己」。當你在苦裡能找到一絲可笑的地方，一點微光的出口，你就開始擁有苦中作樂的能力。

正如《心經》所言，無罣礙者無有恐怖。因為你知道：我可以撐過來，我曾經就這麼走過。

2. 幽默感是逆境中最實用的生存工具

「苦中作樂」不等於強顏歡笑，而是從混亂與無力中找到重新解構現況的可能性。心理學家保羅・麥基（Paul McGhee）在研究幽默與心理健康時發現：幽默感是強化心理韌性最具保護性的特質之一。

當人能將困難情境「拿來開玩笑」時，代表他已經開始站在問題之外觀看，而不再被問題吞噬。這種認知上的抽離與重組，會促進大腦前額葉的活化，進而帶動行動與創造力。

舉個簡單例子：面對疫情封城時，有人沉溺在封閉與無力，有人則拍攝「在家環遊世界」的短影片，創造笑料，也創造了心理的出口。

我們不需要偉大的哲學語言，才能讓自己在黑暗中看到光。有時只需要一句自嘲：「這年頭還能被氣得哭，證明我心臟還在跳」——那就是苦中作樂的開始。

《心經》的智慧告訴我們：面對恐懼，不是硬撐，而是鬆開——鬆開對完美人生的期待，鬆開對一帆風順的幻想，讓幽默成為你的內在氣墊，哪怕摔得重，也不會碎。

3. 重新定義「好日子」：日常就是療癒的場景

我們太常把「快樂」視為一種結果：升官、脫單、賺錢、買房，彷彿達成了某些目標，才有資格快樂。但其實，最具心理韌性的人，是那些能在最糟的日子裡，仍然說出：「幸好今天有陽光」、「還好早餐沒苦瓜」、「至少還有我自己陪著我自己。」

這不是天真的正向思考，而是一種融合感恩練習與注意力重構的心理技巧，有心理學家稱之為「資源導向式注意力訓練（resource-focused attention training）」。它教我們將習慣性聚焦問題的思維，慢慢切換到看見仍存在的支持與能力感，進而建立一種「即使現在不完美，我依然能活得好好」的內在狀態。

具體做法可以從三件事開始：

- 每日寫下三件今天發生過讓你微笑的事：哪怕只是一則有趣的訊息或一杯溫熱的飲料。
- 練習為每一個小成功慶祝：如準時起床、完成報告、沒有大爆炸。
- 與他人分享你的苦中快樂觀察：例如向朋友說：「今天心情不好，但聽到你笑聲就被感染了。」

你會發現，生活不是變輕鬆了，而是你變得更有力量接住它了。《心經》中的「無罣礙」不是不看苦，而是看見苦裡的美好不被遮蔽。

4. 讓自己成為能照亮別人的人

心理學家亞當・格蘭特（Adam Grant）在其研究中指出：當人處於情緒低谷時，若能對他人伸出援手，反而會增強自己的心理韌性與意義感。

這種現象有學者稱為「助人者反彈效應（helper's rebound effect）」—— 意思是，當你把焦點從自我困境移向他人需要時，會重新喚起你的自我效能與價值感，進而帶來心理上的修復與提振。

這也正是為什麼，災後重建中很多人選擇參與志工行列，甚至自己也還在失落中，卻能從協助他人中恢復力量。

若你正在一段艱難旅程裡，不妨試著做一件「照亮別人的小事」：

- 替同事點一杯咖啡。
- 對社群上的朋友留言關心。
- 寫一封匿名的感謝信給你曾經的貴人。

這些微小行動，不僅改變別人的一天，也讓你從苦中找到「我還能給」的自我價值。《心經》裡的「波羅蜜多」正是這樣的精神：越分享越富足，越助人越堅強。

5. 韌性的極致，不是硬撐，而是溫柔接住自己

很多人誤以為「苦中作樂」代表壓抑痛苦、強裝笑容，但真正的韌性，是承認痛、允許哭，但仍願意相信明天還有光。

心理學家克莉絲汀．聶夫（Kristin Neff）提出「自我同情」（self-compassion）概念，強調真正堅強的人不是那些從不跌倒的人，而是跌倒後能抱住自己說「沒關係，慢慢來」的人。

當你允許自己軟弱，給自己喘息的空間，你反而會恢復更多能量去面對下一步挑戰。這樣的你，才是真正有力量的你。

記住這句來自《心經》的啟示：「心無罣礙」，你才能「無有恐怖」。願你在每一個不被理解的夜晚、每一次低到塵埃的時刻，都能對自己說——我會陪你一起苦中作樂，直到苦變成路。

第四節
忍耐安逸：突破舒適圈的成功之道

無無明，亦無無明盡；乃至無老死，亦無老死盡。

1. 舒適圈不是天堂，是看不見的陷阱

《心經》這段經文的關鍵是「無無明，亦無無明盡」，其意蘊深遠，指出我們最大的障礙往往不是外在困難，而是內心對現況的無覺與慣性。這在心理學中，對應到的正是「舒適圈現象」（comfort zone effect）。

所謂舒適圈，不是你最喜歡的狀態，而是你最熟悉、最不需改變的狀態。它可能是不愛的工作、無感的關係、重複的生活節奏，但因為「尚可忍受」，所以我們寧願停留，也不願冒險改變。

心理學家丹尼爾．吉爾伯特（Daniel Gilbert）指出：「人類最容易高估痛苦事件帶來的負面影響，低估持續現況的心理消耗。」也就是說，我們誤以為改變很痛，但實際上，停在舒適圈裡長期忍耐那種「不上不下、不苦不樂」的生活，才是真正讓人耗損的元凶。

《心經》提醒我們：「無無明」，意思就是，當你活在「不知道自己不清醒」的狀態裡，才是最危險的。因為那不是選擇，而是一種無聲的沉淪。

2. 為什麼我們寧願忍耐，也不願離開？

現代人不是不知道現況讓自己痛苦，而是「知道也不動」。這是什麼心理機制在作祟？

心理學家提出三種常見的「舒適圈維繫力量」：

- 預測安全感：人類天生恐懼不確定，而現況雖不理想，卻熟悉、可預測，因此給予假性的安全感。
- 認同綁架：我們將自我價值與所處位置（例如職位、關係角色）綁在一起，一旦離開會感到「我是誰？」的焦慮。
- 比較機制麻痺：透過不斷向比自己更差的人比較，自我麻痺「其實我還可以」，從而否定改變的必要性。

這些看似合理的防衛，其實是你內心的「無明」在說話。就如《心經》所言，若你不覺察這層無明，那它就會不斷延伸——「無無明盡」，直到你老死，都還在忍耐安逸，而非活得清醒。

你不是不能改變，你只是習慣了不去想像另一種可能。

3. 舒適圈的代價：不是失敗，而是停滯的人生

停在舒適圈的最大代價，不是你會輸給誰，而是你將失去那個本可以活得更完整、更自由的自己。

心理學家馬汀．塞利格曼（Martin Seligman）研究「習得性無助」時指出：當人長期處在一種無需努力的環境中，即使給予機會與資源，他也會傾向「不動」，因為內在動機系統已經萎縮。

你可能正處於一段「功能正常但靈魂枯萎」的生活中。早九晚五、上下班打卡、過著沒有大災難但也沒有熱情的日子。久而久之，你會開始失去學習動力、人際熱情、甚至創造力，人生就這樣進入「看似安全的衰退期」。

《心經》提醒我們：「無老死，亦無老死盡」，指出生命並非只是生老病死的被動進程，而是可以透過智慧跳脫輪迴。換句話說，你不是非得活成別人給你的劇本。你有權選擇，甚至有責任，為自己的人生重寫。

若你現在的生活只是「可忍受」，那它就不值得你待太久。因為人生，不是用來「忍」的。

4. 如何跨出舒適圈而不自我崩潰？

離開熟悉的狀態需要勇氣，但更需要方法。若只是一股腦地衝撞，容易讓人因焦慮而退回原地。以下提供三個「漸進式突破法」：

微行動原則（micro-action principle）

不要設大目標，例如「我下週辭職」、「我要搬到國外」，而是設定每日可執行的小行動：今天更新履歷、明天詢問一個轉職建議、一週內報名一個新課程。

不舒適日計畫（discomfort diary）

每天刻意做一件讓你「稍微不舒服但不至於崩潰」的事，例如主動發言、拒絕一次邀約、請主管給予建議。記錄感受，你會發現不適是可以承受的。

改變敘事方式

當你腦中出現「我怕失敗」、「我不是那種人」時，試著換句話說：「這是我從沒嘗試過的挑戰」、「我可以是那種開始改變的人」。語言會改變你的神經認知模式。

《心經》的「般若波羅蜜多」不只是理解，更是一種實踐。你唯有一步步走出過去的邏輯，才有機會進入真正屬於你的彼岸。

5. 當你開始不忍耐，你的人生才開始真正發光

許多生命的重大轉折，都來自一句內心的吶喊：「我不要再這樣下去了。」那是一種覺醒，一種由內而生的否定與重組。它不是叛逆，而是對自己靈魂負責。

《心經》的終點，是「究竟涅槃」。這並不是死亡的象徵，而是心理上真正的解脫——當你從慣性與安逸中醒來，不再讓舒適成為你人生的框架，你才會走向真正屬於自己的道路。

你不需要馬上離職、馬上搬家、馬上分手，但你需要開始不忍耐——不再忍耐一個讓你失去活力的環境，不再忍耐一個讓你慢慢萎縮的關係，不再忍耐那種「明明不快樂卻告訴自己還好」的習慣。

當你願意誠實地承認「我想要不一樣」，當你跨出舒適的玻璃屋，你會發現：世界其實一直等著你發光。

第五節
積極心態的培養：在逆境中創造機會

故知般若波羅蜜多，是大神咒，是大明咒，是無上咒，是無等等咒，能除一切苦，真實不虛。

1. 積極不是樂觀，而是一種選擇能力

《心經》所說「能除一切苦，真實不虛」，並非讓我們相信痛苦不存在，而是教導我們看見：當下的困境中，其實藏有智慧與轉機。這與心理學中的「積極心態」（positive mindset）不謀而合。

但我們要先釐清一個常見的誤解：積極不等於樂觀主義。樂觀有時會變成一種逃避，像是「事情一定會好轉」、「明天一定更好」，但積極心態的真正核心，是即使看見現實的黑暗，依然選擇去行動、去找出口、去保持能量。

積極心態，是在不否認現實的前提下，仍然堅持讓自己對未來有所投資。它不是自我欺騙，而是帶著認知清明後仍不放棄努力的堅持。

心理學家芭芭拉．弗雷德里克森（Barbara Fredrickson）提

出「擴展與建構理論」(broaden-and-build theory)，說明積極情緒會擴展我們的認知與行為資源，促進創造力、人際連結與問題解決力。而這些，恰恰就是逆境中最需要的能力。

2. 為什麼在低潮時，我們會失去積極性？

你可能有過這樣的經驗：當一連串壞事發生後，你的腦中就像蒙上一層灰，所有原本感興趣的事都變得無感，做什麼都提不起勁。這種狀態在心理學中被稱為「習得性無助」(learned helplessness)。

美國心理學家馬汀·塞利格曼 (Martin Seligman) 透過實驗證實：當人類 (或動物) 在重複受挫後，若沒有找到逃脫的方法，便會逐漸失去行動意願，進而形成「反正我做什麼都沒用」的思維模式。

這正是積極心態最常受到侵蝕的情況——不是你不想振作，而是你真的感覺不到還有力量可以用。這種狀態會讓人關閉感官、減少互動、變得冷漠或封閉，最終落入一種「情緒凍結期」。

《心經》提醒我們：「真實不虛」，苦是真實的，但從苦中找到轉化之道也是真實的。你要做的，不是強迫自己振作，而是先覺察自己正處在哪一種心理狀態中，然後給自己最小的行動門檻——不求立刻變好，只求不讓自己掉得更深。

3. 培養積極心態的三大關鍵能力

真正的積極心態不是靠意志力撐出來的，而是可以被系統性培養。以下是三種能幫助你在逆境中創造正向動能的關鍵能力：

心理韌性（resilience）

能否在壓力中維持自我調節與判斷力。具體方法：每日記錄「今天哪裡讓我感到有控制感」。

意義感（sense of meaning）

即使眼前不順，仍相信這段經歷將成為未來某種形式的養分。具體方法：寫下「如果未來我要幫助一個遭遇同樣困境的人，我會怎麼安慰他？」

主動行動（proactivity）

在混亂中創造秩序。具體方法：設定「24 小時內我可以主動改變的一件小事」，不論多微小，完成它即可。

這三項能力若能交替並行，就會產生「心理自我循環能量場」：一旦你做了一點點行動，就會感受到「我不是全然無助」；這種感覺會提升你的控制感與自我效能，進一步讓你更願意行動。

《心經》的「大神咒」不是神祕的咒語，而是指引你內在的一種穩定性 —— 當你學會主動面對，苦雖未除，但你已不再怕。

4. 小行動創造大機會：逆境中的「積極實驗室」

積極心態最有力的鍛鍊場，並不是順利時刻，而是你身處困難卻仍選擇微光行動的當下。以下提供一組名為「積極實驗室」的行動計畫，幫助你在逆境中設計有可能翻轉情緒的日常實作：

- 挑戰舒適行程：刻意安排一件你通常會逃避的事情，例如主動打電話與某人對話、報名一個讓你緊張的講座。
- 三次感謝練習：每天寫下三件值得感謝的微事，無論多微小（例如今天搭捷運剛好有位子）。
- 快閃幫助行動：選擇一個陌生人進行一個小小的協助（如幫忙開門、撿起掉落的物品、鼓勵對方一句話）。
- 微任務成功儀式：完成任何任務（不論多小）後，給自己一個慶祝方式，例如喝一杯熱飲、播放最喜歡的歌。

這些行為雖看似不起眼，但其實都是「回收能動感」的鍛鍊。每一個正向行為都在告訴你的大腦：「我可以掌控一些什麼」，從而打破焦慮與無助的惡性循環。

5. 積極，不是因為世界會變好，而是你會變得更大

《心經》的結尾說：「能除一切苦，真實不虛。」這不是一句保證人生不會再痛的話，而是一句承諾：你會變成有能力面對痛的人。而積極心態正是這種能力的起點。

在逆境中選擇積極，不是因為你樂觀天真，而是你願意長出一個比困境更強壯的心。當別人選擇放棄，你選擇再走一步；當世界混亂不清，你選擇找一處光亮；當一切都不確定，你選擇繼續建構自己的希望。

這樣的你，不需要任何外在認證，就已經是真實不虛的存在。你不必為自己「變得積極」而感到虧欠，也不必為自己「還會沮喪」而覺得羞愧。你只需要在心裡留一個空間，給自己一次又一次選擇回來的機會。

願你在最困難的時候，也能為自己種下一顆微光。因為真正的積極，是哪怕心裡還沒亮，也願意先走進黑暗的那一步。

第六節
學會化解心理瓶頸：突破成長限制

以無所得故，菩提薩埵，依般若波羅蜜多故，心無罣礙。

1. 當你「卡住」時，不代表你不夠努力

「心理瓶頸」的經驗，大多數人都曾經歷過。你持續努力卻無法突破眼前的關卡，不論是職場晉升卡關、人際溝通停滯，還是創作靈感枯竭，甚至明知生活該改變卻遲遲無法動身。這種「卡住感」，不是懶惰，也不是無能，而是心理系統進入了「飽和但無整合」的狀態。

《心經》說：「以無所得故，心無罣礙」，意味著真正讓我們受困的，不是外在未得的結果，而是內心「非得要怎樣不可」的執念與僵固期待。心理瓶頸的本質，其實是一種心理能量的阻塞，一種你無法再用舊的方法解決新問題的徵兆。

心理學家卡爾·榮格曾說：「人們無法透過創造新的經驗獲得成長，除非他們能從現有經驗中產生新的意義。」瓶頸不是進步的終點，而是成長模式轉換的起點。不是你不再前進了，而是你正在被迫進入下一階段的思維進化。

2. 瓶頸常見的三種心理模式

要打破瓶頸，第一步就是辨識瓶頸的類型。不同的心理卡點，需要不同的對應策略。以下是三種常見瓶頸類型：

認知型瓶頸

你的知識、觀點或思考架構不足以理解或處理當下問題。例如在管理一個比自己更資深的團隊時，感覺無法駕馭局勢。

情緒型瓶頸

內心充滿焦慮、恐懼或自我懷疑，使你即使知道方向，也不敢行動。例如你知道該跳槽，但害怕「如果跳了更糟怎麼辦？」

身分型瓶頸

你內在對「我是誰」的認定與成長需求產生衝突。例如你從工程師轉為主管，但仍慣性用技術邏輯處理人事問題，導致無法適應角色變化。

心理瓶頸的可怕不在於它存在，而在於我們常以為「努力就能突破」，但事實是，瓶頸不是靠力氣，而是靠轉念與升級才能突破。

3. 心理突破的三階段修復法

針對瓶頸狀態，以下是心理學常用的三階段修復策略：

第一階段：釐清內在語言

透過書寫或談話整理，把內心反覆自我說服的語句寫下來。例如：「我覺得我再努力也沒用」、「我應該早就成功了」，這些語言其實透露出你的限制性信念。

第二階段：重建期待與認知框架

將原本「我必須在三十歲前升主管」的想法，轉換為「我希望自己找到能發揮價值的位置，無論年齡」，讓自己從「結果導向」回到「價值導向」。

第三階段：小實驗實作

設定一個小行動挑戰，讓身體先走出慣性。例如：與不同領域的人進行對談、報名與現職無關的新課程、或是在不擅長的領域做一次公開發言。這些新的經驗會提供大腦更新認知的素材。

《心經》說「般若波羅蜜多」，也就是智慧的彼岸。心理瓶頸的破解，不在於逃離它，而在於「看見它」—— 當你看見自己卡在哪裡，行動的可能性才會浮現。

4. 與瓶頸共處，而非與瓶頸對抗

有時，我們太急著離開瓶頸狀態，反而忽略了其中的養分。心理學家羅洛·梅 (Rollo May) 認為：「真正的創造力，是在焦慮與停滯的交界被逼出來的。」

你可以這樣理解：瓶頸是你心智與人格的臨界點，就像肌肉鍛鍊的「破壞－修復－增生」三部曲。短期的不順與痛苦，其實是為了幫你準備進入更寬廣的狀態。

因此，你需要學會與瓶頸共處，而非急著逃開。以下是三個實用的心理練習：

- 瓶頸日誌：每天記錄當下最「卡」的念頭、感受與觸發事件，三週後回顧，你會開始看見模式與出口。
- 鏡像談話法：對著鏡子，用第三人稱說話：「你正在經歷轉型，你只是還沒看見它的形式。」
- 暫停而非放棄：給自己一段停機期，不工作、不計劃、不分析，單純允許自己存在。這不是懶惰，而是重啟。

這樣的你，會從「我要突破瓶頸」的焦躁中，轉為「我正在穿越瓶頸」的自我確認。這才是心無罣礙的實踐。

5. 突破瓶頸，就是讓你成為下一階段的自己

突破瓶頸的過程，並不是把自己變得更好，而是把自己變得更真實。《心經》所言「以無所得故，心無罣礙」，正是要我們理解——你不是透過獲得更多而成長，而是透過放下不再適用的信念與角色，回到本心。

心理瓶頸就像人生旅途中的關卡設計，它不只是難，是必要。因為你不可能永遠用同一套系統走到終點。每一次瓶頸，都是人生對你發出的升級提示。

你若選擇用自責與逃避面對它，那它會變成你的困獸之籠；你若選擇用覺察與探索面對它，那它會成為你通往更寬廣人生的門。

願你在人生每一段無法說出口的卡點，都能對自己說：這不是結束，而是我真正成為自己的開始。

第四章
欲望管理與自律

《心經》引文：「是諸法空相，不生不滅，不垢不淨，不增不減。」

解說：欲望本無所增減，但執著令心陷溺。真正的自律來自對欲望如實觀察與中道處理的智慧。

第一節
制欲而不戒欲：欲望的健康管理

無智亦無得，以無所得故，菩提薩埵，依般若波羅蜜多故，心無罣礙。

1. 欲望不是敵人，是心靈的訊號系統

我們從小就被教導要「克制欲望」、「斷除私心」，彷彿欲望是內心墮落的根源。然而，《心經》中的「無智亦無得，以無所得故」並非叫我們壓抑所有追求，而是要我們放下對「得失」的執著，進而清楚地看見：欲望本身不是問題，問題在於我們如何面對與運用它。

在心理學上，欲望被視為一種驅動系統，是推動個體尋求資源、生存與滿足的重要力量。精神分析創始人佛洛伊德

認為，欲望是人格發展的基礎，若一味壓抑，只會以其他形式潛意識地出現，例如焦慮、偏執、或強迫行為。

也就是說，我們無法「戒」欲，只能「制」欲——學會與它共處，引導它走向對自己有益的方向。

《心經》中的「無智亦無得」，象徵一種對內在驅動的覺知與釋放，而非壓制與否定。我們要做的，不是拒絕想要什麼，而是學會辨識：我為什麼想要？這個「要」從哪裡來？它是真需求，還是假補償？

2. 欲望失衡的三種心理徵兆

健康的欲望會推動成長，不健康的欲望則會形成控制與成癮。心理學家大衛．布朗（David P. Brown）將欲望分為兩類：生成性欲望（generative desire）與補償性欲望（compensatory desire）。

- 生成性欲望：源自對價值、成長、連結的自然渴望，例如想學習、想創造、想愛人。
- 補償性欲望：源自匱乏、受傷或焦慮，例如過度購物、情感依賴、對名望或金錢的無限追逐。

當欲望開始讓你感到以下三種狀況時，很可能已經偏離健康狀態：

- 反覆做某件事卻沒有真正滿足感（如滑手機到深夜仍焦躁）
- 失去選擇自由感（如覺得「我就是忍不住」）
- 內在價值感愈來愈低落（如達到目標後感到空虛）

這些徵兆，顯示欲望已經從驅動變成了束縛，而束縛的根源，常常不是欲望本身，而是我們對它缺乏辨識力與調節力。

《心經》的智慧就在這裡發揮作用——透過「般若波羅蜜多」，也就是用智慧去看清欲望背後的真相，我們才能將欲望由毒藥轉化為養分。

3. 欲望的三層覺察：看清內在的驅動邏輯

要管理欲望，第一步是「看見」，而不是「壓下」。以下是一套實用的欲望三層覺察法，有助於你從行為追逐中抽離，進入更深層的理解：

第一層：表面行為

我現在想做什麼？（吃甜點、買包包、看劇、刷社群）

第二層：情緒驅動

這個行為背後的感覺是什麼？（焦躁？孤單？覺得被忽略？）

第三層：內在需求

我真正想滿足的是什麼？（安全感？成就感？被愛的感覺？）

舉例來說，當你在半夜拚命逛購物網站時，你的表面行為是「想買東西」，但真正的情緒可能是「今天工作被主管責備，心情很悶」，而你內在想滿足的，可能是「我想透過擁有某個物品來重新肯定自己」。

這種辨識力，是《心經》中「心無罣礙」的前提——當你不再被表面的欲望拉著跑，而能看見更深層的自己時，你就能自由選擇要不要繼續、是否暫停、或轉而尋求更合適的滿足方式。

4. 制欲實踐：設計欲望的安全空間

《心經》強調「無所得故」，提醒我們不要把每個欲望都當作「一定要得」，否則欲望會變成壓力源。而在心理實務上，要健康管理欲望，我們需要為它建立「安全框架」，也就是：允許有欲望，但不讓它脫軌。

以下是三種可操作的「欲望管理技術」：

欲望時序法

將欲望延後 15 分鐘處理，例如想購物時設定鬧鐘，倒數後再問自己一次「我現在還想要嗎？」這個方法可有效過濾衝動型欲望。

結構性允許法

不是完全戒除，而是安排在固定時段享受（例如每週五晚可放縱吃一頓），讓大腦知道欲望有出口，避免壓抑反彈成暴飲暴食或過度補償。

轉向式滿足法

當察覺某個欲望為補償性，可試著用其他方式替代。例如：焦慮時想吃甜點，可轉為深呼吸＋泡一壺茶＋寫下三件焦慮的來源，練習「覺察－中止－轉換」三部曲。

你不是要變成沒有欲望的人，而是要成為有欲望但不被帶著走的人。那才是《心經》真正說的「無罣礙」—— 不是空，而是有選擇的自由。

5. 當你學會與欲望共處，你就真正自由了

人類永遠無法沒有欲望，因為欲望是生命的動能。然而，你可以選擇與欲望的關係形式：是主人，還是僕人？

《心經》最後的境界 ——「菩提薩婆訶」—— 正是說：一個圓滿覺醒的人，不是因為他斷絕了一切欲望，而是因為他與欲望和平共處，不再被它牽著走，也不必壓抑它的存在。他會說：「我知道自己為什麼想要這些，而我願意負責選擇該怎麼回應。」

當你擁有這種清晰、穩定且不再焦慮的欲望觀，你不會放棄人生的精彩，但你也不會被表象帶走真正的自己。

願你從此不再恐懼自己的欲望，也不再受困於它。因為你已學會：制欲而不戒欲，是對生命最成熟的敬重。

第二節
遠離貪婪：心理滿足感的培養

無眼耳鼻舌身意，無色聲香味觸法。

1. 你想要的，真的需要嗎？

《心經》這段經文講的是「六根與六塵」的不存在，意即我們對世界的知覺與反應，往往來自主觀建構，而非客觀真實。這個觀念與心理學中「投射性欲望」(projected desire) 概念高度相似：人們對物質與成就的追求，往往不是來自真正的需求，而是從他人身上投射而來的渴望。

也就是說，我們很多想要的東西，其實不是我們真正想要的，而是因為：

- 社群媒體上大家都在炫耀，所以我也想有。
- 家人對我有所期待，所以我得努力去達成。
- 自我懷疑作祟，認為「如果沒有那些，我就不夠好」。

這樣的「貪婪」，表面上是對財富、名聲、權力的追求，本質上卻是內在空洞的代償。心理學家阿德勒曾說：「所有人類的過度追求，背後都有一個深層的不安全感。」

當你想買東西、追目標、想超越他人時，不妨先問問自己：「我是真的需要，還是只是在證明我夠格？」這樣的反思，才是培養滿足感的第一步。

2. 貪婪不會讓你富足，只會讓你更匱乏

貪婪，是一種心理飢餓的錯誤補償機制。不論你獲得多少，因為內心感到不夠，於是總會想要更多——更多的錢、更多的掌聲、更多的擁有權。但這些「更多」，往往讓人更疲憊、更空虛，因為你在追逐過程中，不但未曾停下來欣賞已有，反而不斷比較、不斷恐慌。

心理學研究指出：「習慣性的貪婪會降低幸福感與人際連結強度，並引發慢性焦慮。」這是因為大腦對「未獲得」的感知遠強於「已擁有」的實感。也就是說，即使你得到了更多，滿足感也不會線性成長，反而可能遞減。

這與《心經》所說的「無色聲香味觸法」不謀而合。色、聲、香、味、觸，皆為外界刺激，但我們若將內在安定完全寄託於這些外物之上，就會永遠無法停止追求，並深陷其中。

真正的滿足，是能從已有中感受到完整，而非總覺得自己還差一點點才夠好。

3. 培養滿足感的三大心理技術

你無法憑空「不想要」，但你可以透過鍛鍊提升對「已得」的敏銳度與感受力。以下是三種經過研究驗證、能有效提升心理滿足感的練習：

感恩日記練習

每天晚上寫下三件當日值得感謝的事，可以是人、事、物，甚至是某種感覺（如今天感受到平靜）。研究證實，持續三週後可顯著提升生活滿足感與抗壓力。

比下不是比上法

當你陷入「別人都比我好」的念頭時，刻意拉回「三年前的我」或「比我更辛苦的人」作為參照對象，讓你回歸自己的成長路徑，而非永遠落入社會比較陷阱。

心流練習

從事讓自己忘我投入的活動（如寫作、畫畫、種花、健身），提升「過程導向」的幸福感，而非僅以結果為衡量滿意與否的標準。

這些方法的本質，是將「注意力從缺口轉回豐盈」，讓我們的大腦學會欣賞當下的價值，進而停止無止盡的外求。

4. 認清「夠好就好」不是退讓，而是智慧

許多人抗拒滿足感的培養，覺得那代表停滯、懶惰、不求上進。但事實上，「夠好」的狀態，才是創造穩定成長的基礎。當你內心處於極度匱乏狀態，所做的選擇容易失準，甚至過度冒險、賭注過大，最終反而得不償失。

《心經》強調「無罣礙」，就是讓我們學會在不追求絕對控制、絕對完美的狀態下，仍能安住當下並保持前行。滿足不是停止，而是清楚知道什麼該繼續追、什麼已經值得珍惜。

心理學家克莉絲汀．聶夫（Kristin Neff）提出「自我同情」理論，主張我們需要把與他人相同的寬容與溫柔，也運用在自己身上。當我們能對自己說：「你已經做得很好了，現在可以稍微歇一下」，這種認可不是放棄，而是修復，是你在長途旅程中必備的能量補給站。

5. 讓內在飽足，世界才不再那麼吵

《心經》整部經文的結尾，落在「究竟涅槃」，這不是逃避世界，而是指內在已無所匱乏，故不再為外物所擾。這種境界，不來自於什麼都不想，而是你知道自己想要什麼，也知道什麼對你真正重要。

當你的內在滿足感增強：

- 你不再被社群貼文綁架，而能選擇性地欣賞與學習。
- 你不再焦急追求財富認同，而能穩步建立自己的價值系統。
- 你不再擔心錯過機會，因為你知道：屬於你的，絕不會走錯門。

心理上的飽足感，不是封閉，而是釋放。當你願意承認「其實我已經有很多了」，那股追趕別人的焦慮就會漸漸鬆開，你會有更多空間做出真正貼近自己的選擇。

願你有一天，能坐在自己的小宇宙裡，心想：「原來不用再多了，這樣就很好。」

第三節　情感困擾的自我調適技巧

遠離顛倒夢想，究竟涅槃。

1. 情緒困擾不是問題，而是內在訊息的警報器

《心經》中「遠離顛倒夢想，究竟涅槃」這句話，看似宗教語言，實則對情感困擾的心理意義極為深刻。「顛倒夢想」即是指我們常陷入誤判現實、過度投射或執著的情緒想像中，以為它們就是真實，結果反而讓情緒成為我們生活的主宰者。

在心理學上，這種現象被稱為「情緒同一化」（emotional fusion），指的是一個人將自己的情緒等同於整個現實。例如：當我們說「我現在很孤單，所以沒人愛我」，其實只是情緒狀態而非客觀事實，卻被誤當成全部世界的真理。

但事實是：你有情緒，但你不是你的情緒。這就是學習情緒調適的第一步 —— 把自己從情緒裡面拉出來，站在旁邊看它，而不是被它推著跑。

《心經》告訴我們，若能覺察到「顛倒夢想」的存在，也就能開始「遠離」，進而走向心理層面的涅槃 —— 也就是一種自在的狀態。涅槃不需壯觀的開悟，它可能就是你在情緒

來臨時，願意深呼吸一分鐘、願意對自己說「我現在只是難過，不代表我無能」。

2. 情緒困擾的四種典型樣貌

情感困擾並不只有一種形式，它常常以不同方式在生活中出現，混淆我們的判斷力與行動力。以下是心理學中四種常見的情緒困擾形式：

- 內耗型：經常反覆想著自己說錯話、做錯決定、沒人懂你。這種困擾來自「過度反芻思考」。
- 投射型：把自己沒解決的情緒加在別人身上，例如懷疑伴侶不夠愛你，其實是你自己感到不值得被愛。
- 壓抑型：裝作沒事、假裝堅強、不讓人看出你其實很崩潰。時間久了會造成身心症或關係破裂。
- 依附型：情緒過度依賴某個人，一旦對方態度冷淡就陷入焦慮與失控狀態。

這些類型背後，其實反映的是我們缺乏與情緒相處的工具與語言。《心經》提供的方式，是透過智慧觀照「夢想」為非實在，進而解構原本被情緒綁架的認知模式。

3. 三步驟自我調適法：認出情緒、命名感受、轉化反應

在實務層面，我們可以運用心理治療中廣泛使用的「情緒調節三步驟」，具體操作如下：

第一步：覺察 —— 認出你現在的情緒狀態

問自己：「我現在真正感覺的是什麼？是難過？失望？還是無力？」

這一步重點不是「解決」，而是承認。

第二步：命名 —— 幫情緒取名字

情緒模糊時，腦中會混亂。研究顯示，將情緒用語言明確命名，能幫助大腦的前額葉介入，讓情緒減弱。

第三步：轉化 —— 選擇你的下一步行動

情緒本身無法直接控制，但你可以選擇如何行動。

問自己：「我能做什麼是照顧這個情緒，而不是讓它控制我？」

例如：

- 若是孤單，就發訊息給一位朋友，而不是在社群中亂看別人生活。

- 若是焦慮，就做 10 分鐘的呼吸練習，而不是反覆檢查簡訊或信箱。
- 若是被拒絕，就寫下三件自己欣賞自己的特質，而不是說「我果然不夠好」。

這種轉化，正是《心經》中所謂「般若波羅蜜多」的運作——透過覺察與選擇，進入智慧之流。

4. 為情緒建立「安全場域」而非壓抑它

許多人面對情緒困擾時，選擇忽視、強行壓下或用忙碌去掩蓋。長期下來，這些情緒會在潛意識堆積，變成焦慮、恐慌、暴怒甚至抑鬱。心理學稱這種現象為「情緒壓抑的反撲」(emotional rebound)。

要避免這種反撲，你需要為情緒建立安全的容納空間，也就是：

- 寫作練習：每天花 10 分鐘寫下「我現在最強烈的感覺是什麼？」讓文字成為你的情緒出口。
- 情緒對話：在腦中與自己的情緒對話，例如「你好，焦慮。你為什麼今天這麼大聲？」

- 情緒分身法：把情緒擬人化成一個角色，例如「小焦」，想像你如何溫柔地對待這位內在孩子。

這些方式，讓你在面對困擾時，不再只有壓下或發洩兩種選擇，而是擁有承接、理解、轉化的路徑。《心經》說的「無罣礙」不是要你沒有感覺，而是教你如何容納感覺而不被淹沒。

5. 穩定的內在，不是沒有波動，而是會回彈

最終，學會情感自我調適，不是讓你成為「永遠不生氣、不傷心、不焦慮」的人，那不可能。而是讓你成為一個就算情緒來了，也知道怎麼讓自己回來的人。

心理學上的「情緒彈性」(emotional resilience) 正是這種能力的指標 —— 不是不跌倒，而是跌倒了會站起來；不是不激動，而是激動完能夠回穩；不是總是正向，而是能把負面變成成長的動能。

《心經》中的「究竟涅槃」，不是說人生再也沒痛苦，而是說你有了一顆不被情緒風暴吹垮的心。當你能安然度過一次又一次的低潮，你會發現，那些你曾以為過不去的情緒，最後都變成了你內心的一部分 —— 不再傷人，也不再傷你。

願你從此不再害怕自己有情緒，因為那正代表你活著，也代表你有能力將生命從混亂中，逐漸調回穩定與清明。

第四節
虛名幻象：保持理性的名譽觀

無色聲香味觸法，無眼界，乃至無意識界。

1. 名譽，其實是我們內在缺席的代替品

《心經》所說的「無色聲香味觸法」，指出萬象皆虛，提醒我們不要執著於感官所感，因為那終究是變動不居的。當代社會中，名譽——也就是他人眼中的你、外界所投射的形象——正是最典型的「色聲香味」之一。

心理學上將名譽的追求視為「外部導向的自我價值系統」(external validation system)。這種系統的運作邏輯是：我是否值得被喜歡？要看我是否達成他人預期、是否獲得肯定、是否在舞臺上發光。

然而，這種價值評量本身就建立在脆弱的地基上，因為你

無法控制他人的期待，也無法預測世俗的標準。更關鍵的是：你為了追逐「看起來」的好，常常犧牲了「感覺起來」的真實。

正如佛洛姆 (Erich Fromm) 所言：「現代人為了『看起來成功』而活，最後往往失去了活著的意義。」

所以，追求名譽本身沒有錯，但若你一旦相信那就是你唯一的價值，那麼你其實是在用一個外在幻象，來填補一個內在空洞。

2. 名譽焦慮的三大成因

為什麼人們那麼在意別人怎麼看自己？心理學家提出幾個核心動因，讓我們能更清楚自己的名譽焦慮從何而來：

自我認同模糊

當我們不知道自己是誰時，最容易依賴外界評價來確認存在感。例如：一個人若從小被教育「你要有成績才有價值」，長大後便容易依賴掌聲與讚賞維持自我肯定。

社交比較壓力

社群媒體的出現，使得「表現」變成 24 小時開啟的競技場。在這個舞臺上，每一則動態都是一次間接的評比，使人逐漸將「看起來怎樣」誤以為就是「我就是怎樣」。

成就等同價值的信念

現代社會灌輸我們：「你賺多少錢、你有多高的地位、你被多少人崇拜＝你有多成功」，而這種「外部績效＝內在價值」的邏輯，使人將自我認同建立在名譽之上。

這些成因會讓人進入一種名為「名譽中毒」的心理狀態：表面上被看見了很多，內心卻感覺自己不斷被掏空。

3. 名譽不是目標，而是過程的副產品

《心經》中「無意識界」這一句，其意是：不要把你所有的認知都投射在對自我形象的執著上。這與心理學家卡蘿·杜維克（Carol Dweck）提出的「成長型思維」理論高度契合。

一個真正具備內在穩定的人，不會將名譽視為成功的終點，而是視其為自然流動出的回饋。這種心態上的轉變，能幫助我們從「證明自己」的焦慮中抽離，轉向「表現自己」的自信。

以下是三個從「名譽導向」轉為「價值導向」的實作技巧：

- 自我日誌：每天寫下「今天我為什麼感到驕傲？不論有沒有人知道」，培養對自己的內在肯定。
- 安靜的成就練習：刻意完成一項沒人知道、沒人誇獎的挑戰，強化「為自己而做」的能力。

- 不回應練習：當你渴望秀出成果或得到掌聲時，練習什麼都不說、什麼都不貼，觀察內心會發生什麼變化。

這些方法不是讓你「放棄被看見」，而是讓你「不再被被看見綁架」。

4. 如何回應外界的誤解與批評？

真正困擾我們的，其實不只是「想被喜歡」，還有「不被誤解」。尤其是當努力的心意被曲解、當真實的自我被標籤，許多人便陷入自我懷疑，甚至產生過度討好的行為。

心理學家馬歇爾．羅森堡（Marshall Rosenberg）在「非暴力溝通」中指出：當人被誤解時，真正受傷的是我們希望被理解、被看見、被肯定的情感需求。

要面對外界的誤解與評論，建議你可以採取以下「三階段回應法」：

- 接納情緒反應：你會委屈、生氣、失望，這很正常，不需要假裝灑脫。
- 切割自我價值與他人觀感：對方不理解你，不代表你是錯的。對方不喜歡你，也不代表你不值得。

◆ 留下空間，不急於解釋：有些誤解只能用行動與時間來釐清，解釋反而成為證明自己存在的負擔。

當你理解到：不是每一個誤解都需要你來澄清，你的內心才會逐漸安定下來。

5. 名譽的真正意義：不是讓你成為誰，而是讓你不忘你是誰

最終，我們都希望自己被看見、被尊重、被記得。這些願望本身沒有錯，問題是你是否願意用自己喜歡的方式被看見，而不是用世界規定的樣子被認可。

《心經》告訴我們：「心無罣礙，無罣礙故，無有恐怖。」當你不再被「我該被誰喜歡、我該怎麼被評價」這些外部變數牽動時，你會感受到前所未有的自由感與心理安全感。

真正的名譽，來自你在做自己喜歡的事時，自然發出的光。而當你願意把內在穩定放在第一順位時，你會發現：

◆ 有人喜歡你，不是你刻意迎合；
◆ 有人討厭你，也無損你對自己的愛；
◆ 有人記得你，是因為你活得真實，而不是因為你活得體面。

願你有一天，能夠微笑著看著自己說：「即使沒人鼓掌，我也不會停下跳舞的腳步。」

第五節
戒慎誘惑：健康人際距離的管理

無罣礙故，無有恐怖，遠離顛倒夢想，究竟涅槃。

1. 為什麼人際關係中最難把持的是「誘惑感」？

《心經》講「無罣礙故，無有恐怖」，意指當我們心中無執、無掛，便不會陷入慌亂與困頓。在人際關係中，最大的「罣礙」往往不是衝突，不是誤解，而是那些若有似無、界線模糊的情感牽引 —— 誘惑感。

誘惑不僅限於性或愛情，它也可能來自一段不對等的依附、一種想要討好權威的欲望，甚至是一種想要「證明我比他人特別」的心理投射。

心理學上稱這種狀態為「關係性迷戀」（relational infatuation），常見於以下情境：

- 明知對方有家庭或立場界線，卻忍不住與之過度親近；
- 在上司或領導面前過度展現自己，只為博得關注；
- 與某人來往愈多，愈感到自己價值被肯定，從而無法割捨。

這些都不是錯，但若缺乏警覺，便容易陷入失控，讓人際關係變質，甚至破壞原本平穩的生活秩序。

《心經》提醒我們，誘惑之所以讓人動搖，是因為我們內在尚有執著與空缺。不是對方太強，而是我們太想在他人身上找到自我價值的反射。

2. 誘惑之所以有力量，是因為你還沒認清自己要什麼

誘惑的本質，不在於外界的引誘，而在於內在的空白尚未被看見與安頓。心理學家卡倫．荷妮（Karen Horney）曾指出，人最深層的不安常來自「對自己身分的模糊認知」。

也就是說，我們越不知道自己要什麼，就越容易在別人的關注、喜歡、肯定裡「誤以為那就是愛」。這種錯置的感覺，會讓我們放大關係中的細節，並將之過度解讀為命運的安排。

若你正處於一段曖昧不明、引力強大的關係中，請先問自己三個問題：

- 我是否把這段關係當作我價值的依據？
- 我是否過度解讀對方行為的含義？
- 若這段關係結束，我會否覺得自己一無所有？

如果你的答案偏向「是」，那麼誘惑的根本並不是對方，而是你還未真正確認自己的需求與價值核心。

《心經》中「遠離顛倒夢想」的修行，即是這樣的心法——去看穿那不斷重複的幻想，明白那些不過是情緒的產物，不是你的真實需求。

3. 健康人際距離的建立：不是疏遠，而是界線清晰

心理學中的「界線理論」（boundary theory）強調：關係的健康與否，不在於親密程度，而在於是否能清楚劃定彼此的心理與行為邊界。

一段關係若無邊界，即使彼此再有默契，也會逐漸出現依賴、壓迫、甚至操縱的情形。反之，有界線的關係，不會讓人感到拒絕，反而是一種互相尊重。

以下是三種常見的健康界線建立方式：

- 時間界線：例如限定一天內聯絡對方的頻率與時段，避免全天候依賴。
- 情緒界線：學會說出「我理解你這樣感受，但我需要一點空間處理我自己的情緒。」
- 身體與行為界線：不參與超出自己舒適區的互動，如私密接觸、不當玩笑、過度傾訴。

練習界線並非代表你不在乎對方，而是你在乎自己，也尊重關係中的清晰度。這樣的「戒慎」，其實是愛的成熟型態。

4. 面對誘惑時的三段式自我防護

誘惑之所以讓人難以抗拒，是因為它總在你最脆弱、最渴望被理解時出現。要能夠「不走進去」，你需要在誘惑剛起頭時，就做出防護性的心理處理。

這裡提供一個簡單的「三段式自我防護法」：

第一段：抽離當下，回到事實

問自己：「我是在事實裡，還是在劇本裡？」

→將思緒拉回對方的實際言行，而非你的幻想。

第二段：反問真實代價

想像若跨出界線，自己將失去什麼？（如穩定生活、尊重感、自我價值）

→讓理性重新上線，修正被情緒拉走的判斷。

第三段：替代滿足

轉移注意力至更健康的情感出口，如與信任朋友談話、從事創作活動、關懷他人。

→建立替代性連結，減少單一關係的情感依附壓力。

《心經》所說的「無有恐怖」，不是要你硬撐不動心，而是當誘惑來時，你知道自己還有選擇，你有足夠的內在穩定可以安住自己。

5. 真正的自由，是你仍在關係中，卻不被綁架

在人際世界裡，我們不可能完全與誘惑斷絕往來。但你可以選擇：不再被它牽著走。

你可以與魅力十足的人對話，但不會因此放棄自己的原則；你可以欣賞別人的聰明才華，但不再拿來否定自己；你可以深愛某個人，但不會為了愛而捨棄自尊或邊界。

這樣的你，不是冷漠，而是成熟；不是無情，而是有智慧的柔軟。

《心經》的「究竟涅槃」說得是：你不是從誘惑中逃離，而是你不再需要依靠誘惑來確認自己的存在。你知道自己的界線，也知道自己的愛該怎麼給、怎麼收。

願你在人際關係中，不再讓誘惑成為你逃避空虛的理由，也不讓過度親密成為摧毀自我的入口。

真正健康的關係，是：我靠近你，但我仍然是我。

第六節
心理自律：建立穩定而堅定的習慣

以無所得故，菩提薩埵，依般若波羅蜜多故，心無罣礙。

1. 自律，不是壓抑自己，而是溫柔地堅持對的事

《心經》中的「以無所得故，心無罣礙」，提醒我們：當你放下「非得要馬上成功、馬上看到成果」的執念，你反而更容易持

續行動，因為你不再被結果綁架。這正是自律的心理核心。

心理學家安琪拉·達克沃斯（Angela Duckworth）定義自律為：「在短期情緒與長期目標之間，選擇後者的能力。」然而，這能力並不是天生的，而是可透過練習培養的心理肌肉。

很多人以為自律是對自己狠，但事實上，真正可持續的自律來自於「理解自我、溫柔堅定地引導自我」。你不是壓制衝動，而是設計一個讓自己不需要依賴意志力的環境與流程。

想要長期自律，不能只靠一時衝動或熱血，而是靠「有彈性的紀律感」與「真實而溫柔的自我管理系統」。

2. 為什麼我們總是半途而廢？習慣建立失敗的三個心理盲點

多數人在養成新習慣時，會在一週內放棄，心理學研究指出，這背後常藏著三個認知陷阱：

成果焦慮：太在意短期看不到效果而感到挫折，最終乾脆放棄。

→例如健身三天沒瘦、冥想一週沒比較冷靜，就懷疑這方法沒效。

全有全無思維（all-or-nothing thinking）：今天沒做到就覺得「全毀了」，便不再繼續。

→一天沒打卡就覺得破功，然後心一橫，乾脆整個禮拜都不做。

自我認同缺口：行為與自我形象脫節，無法內化為長期動力。

→想養成閱讀習慣，但內心還覺得「我不是一個愛看書的人」，於是難以維持。

這三個盲點讓人誤以為「我沒自制力」，但事實上，你只是還沒設計出適合自己的自律結構。

《心經》的「般若波羅蜜多」意指「智慧到彼岸」，放在這裡的意思是：真正的自律不是忍耐，而是理解與設計的結果。

3. 三階段打造你的自律習慣迴路

建立穩定習慣，就像訓練一條神經通道。根據習慣科學之父詹姆斯·克利爾（James Clear）的研究，所有習慣都包含三個基本環節：提示（cue）、慣性行動（routine）、獎賞（reward）。以下是實作方法：

階段一：建立提示 —— 讓它「自動出現」

設計一個固定的時間、地點與動作作為習慣起點。

例：每晚刷牙後讀三頁書，或早上喝完水做五分鐘伸展。

階段二：縮小門檻 —— 讓它「不難開始」

別設太大目標，先從「做一點也可以」開始。

例：不設定每天冥想 30 分鐘，而是「坐下深呼吸 3 次」即可。

階段三：創造正向回饋 —— 讓它「值得再做」

可透過打卡、記錄、給自己一句讚賞，或設計一個小獎勵。

例：完成五天後可看一部喜歡的電影。

這樣的三段式流程，有助於降低行動阻力，同時讓大腦產生正向聯結，使習慣自然而然地嵌入生活。

4. 自律的敵人不是懶惰，而是過度懲罰自己

許多人之所以無法長期自律，是因為他們用錯誤的方式面對「破功」。

比方說：有人飲食破戒後，就乾脆暴食到底；有人工作拖延，就乾脆爛攤子不收。這是所謂的「破窗效應」在自律中

的心理反映：一旦出現一點瑕疵，就自暴自棄，讓整體崩盤。

對此，心理學家克莉絲汀・聶夫（Kristin Neff）提出「自我同情」：當你跌倒時，與其責備自己，不如像對待朋友一樣地溫柔面對自己，這反而會提升自我效能感與持續動力。

實作建議如下：

- 記下你「破功」那天發生了什麼事，不帶批判地回顧原因；
- 告訴自己：「我不是失敗，只是今天累了」；
- 設定「補救行動」而非「懲罰行動」：明天早點休息，而非強迫連做兩倍。

《心經》所言「心無罣礙」的精神，在這裡展現得淋漓盡致 —— 你不會因為錯一步就全盤否定自己，而是願意接住自己，繼續走下去。

5. 當自律成為日常，你的人格也跟著升級

當你練習穩定的心理自律，不只是生活變得更有秩序，你會發現自己的自我認同也在悄悄改變。你不再是那個只能靠外力催促才能前進的人，而是那個「就算沒人看，也願意堅持」的人。

這種轉變，正是人格發展中極為關鍵的「一致性」（congruence）—— 你的想法、情感與行動是一致的，這會讓你感受到前所未有的心理穩定感。

那不只是「有做事」的滿足，而是「我活成了我想要的樣子」的喜悅。

這正是《心經》最終說的「究竟涅槃」在自律世界的實現形式 —— 當你不再與自己內在拉扯，行動成為自然延伸，那就是自由的開始。

願你從今天起，不再將自律視為強迫，而是視為一種對未來的溫柔照顧；不再因為一兩次失敗否定整體，而是學會「邊跌倒，邊堅持」。

因為你值得一個更有方向、更有節奏的自己。

第五章
智慧與心態的修練

《心經》引文：「是故空中無色，無受想行識，無眼耳鼻舌身意。」

解說：當內心超越五蘊與六根的執著，便能從煩惱中抽身，培養出穩定清明的智慧心態。

第一節
從他人成功中學習：吸收經驗的智慧

依般若波羅蜜多故，心無罣礙，無罣礙故，無有恐怖。

1. 看見他人成功，不必等於看輕自己

在這個社群媒體高度發達的時代，我們每天都在觀看別人的成功：某人創業翻倍、某人升遷飛快、某人環遊世界自由無拘。而這些「他人活得很好」的畫面，往往讓我們陷入兩種極端情緒：過度崇拜，或深度自卑。

心理學將這現象稱為「社會比較謬誤」（social comparison bias）：我們錯誤地以為，別人的成功就等於自己的失敗。於是，我們不是陷入盲目模仿，就是開始質疑自己為什麼還在原地。

但《心經》告訴我們：「心無罣礙」，這四字的智慧就在於——你可以看見別人擁有，但不需要將之變成對自己的威脅。真實的智慧，是能從他人經驗中提煉學習，而非吞下比較的毒藥。

這節開始，我們將學會如何把「他人的成功」轉化為「自己的成長資料庫」，讓你從羨慕中抽離，進入實踐的軌道。

2. 為什麼模仿容易失敗？你需要的是轉譯能力

許多人在看到他人成功後，會急於「複製」那套方法。看到某創作者日更影片就爆紅，立刻也開啟帳號硬撐更新；看到某企業家每天四點起床，便也試圖照表操課。結果不是三天放棄，就是因壓力爆表而崩潰。

心理學家司馬賀（Herbert Simon）指出：「真正的學習，不在於模仿，而在於內化與轉譯。」

也就是說：你不能直接照搬一個成功人的行為模式，而要先了解他所處的背景、資源與性格邏輯，再根據自己的情境進行轉化。

舉例：

- 他早起是因為晚上不需要應酬，而你晚睡是因為家庭責任多，改成中午有高效時段也可行；

- 她日更影片有團隊協助，而你一人作業，就先從一週一篇開始；

從他人成功中吸收養分，不是仿效，而是學習轉譯。

這正是《心經》中「無罣礙」的實踐——你看見外在世界的多樣可能，但不將它們視為框架，而是視為參照點，回到自己內在的節奏與步調。

3. 問對問題，才能得到正確經驗

成功的人很多，學不會的也很多。差別往往在於：你問了什麼問題。

多數人在學習他人經驗時，問的都是表層問題，例如：

- 你每天都怎麼安排？
- 你是怎麼突破關卡的？
- 你有什麼工具推薦？

這些問題雖然有用，但只停留在操作層面。真正能幫助你成長的，是那些能觸及對方思維方式與信念系統的問題，例如：

- 是什麼驅動你在沒成果時仍堅持？

- 你怎麼定義「值得投入的努力」？
- 你如何判斷某個方法適不適合自己？

這些問題幫助你看見對方背後的決策模型與心理結構，才有機會「學到方法的本質」。

《心經》教我們透過智慧洞察一切假象，而問對問題，正是你通往這份洞察力的起點。當你學會提問的藝術，你就能在人生的任何階段，快速讀懂環境、借力成功者、避開重複錯誤。

4. 讓「羨慕」變成「行動」的三步轉換法

看到別人成功，你難免會羨慕。但若只是羨慕，結果只會是焦慮、拖延、放棄。真正有價值的，是將羨慕轉化為行動。這裡提供一套簡單實用的「羨慕轉行動」三步法：

(1)辨識情緒來源

問自己：「我羨慕的是什麼？是成就？自由？自信？被喜歡的感覺？」

→釐清你真正渴望的，不要被表象誤導。

(2) 抽取關鍵元素

分析對方成功的可複製要素（如持續產出、善用人脈、擅長簡化複雜資訊），找出其中與你性格或處境對應的部分。

(3) 設定一個微行動

根據上一步抽出的要素，訂出「三天內可執行的一件事」。例如：寫一篇長文、與一位前輩約對談、加入一個學習社群。

這三步讓你不再只是「情緒化觀看他人成功」，而是「有意識地讓成功成為你的行動驅動器」。

這也是《心經》所說的「心無罣礙」的實踐之一——你看見他人耀眼，但你不執著於比較，而是選擇轉化那份能量為自己的路。

5. 真正的智慧，是學會用自己的方式成功

最終，從他人成功中學習，不是要讓你變成他，而是讓你找回自己可以走得更穩的節奏與策略。

心理學家亞伯拉罕·馬斯洛（Abraham Maslow）提出「自我實現」概念時強調：成功不是達到一個標準，而是讓你內在的潛能真正開花結果。

所以，當你下次再看到別人閃耀的時候，請練習對自己說：

- 「這是他的舞臺，我也可以有我的亮點。」
- 「我欣賞他的成果，也願意為我的成長努力。」
- 「我不需要活成誰的樣子，我只需要把自己活得像自己。」

這樣的你，不是盲目追求表象，而是以智慧與平靜的姿態，向所有值得的成功學習，向自己的人生交出真正的掌控權。

願你帶著心經的觀照，將他人的光芒轉為自己的燃料，在不羨不懼之中，一步步，靠近你真正的可能。

第二節 水至清則無魚：待人處事的平衡藝術

無智亦無得，以無所得故，菩提薩埵，依般若波羅蜜多故，心無罣礙。

1. 原則與彈性之間，是智慧真正的舞臺

「水至清則無魚，人至察則無徒」這句古語提醒我們，若對人對事要求過高、標準過嚴，反而難以建立長久的關係。《心經》說「無智亦無得」，意指放下「一定要怎樣」的固執，反而是覺悟的起點。這正好對應心理學上的彈性思維（cognitive flexibility）。

所謂的圓融，不是損己利人、委曲求全，而是一種心理彈性：你能堅持原則，但也能理解人性的模糊與變化。你能理解對錯，但不急著貼標籤。你能看見標準，但選擇寬容看待他人的節奏。

心理學家卡蘿·杜維克（Carol Dweck）提出的「成長型心態」正是這樣的思維方式：你不將一時的差錯視為失敗，而是視為調整的機會。

在現實生活中，這種平衡表現在許多層面：

- 與同事合作時，知道何時堅持效率，何時尊重對方節奏；
- 對朋友犯錯時，知道責備不是唯一選項，對話與理解反而更有效；
- 對自己也不過於嚴苛，能在推進中允許暫停與修正。

這正是《心經》所說的「心無罣礙」—— 不是沒有標準，而是不被標準綁架。

2. 太過理性的人際互動，為何常常孤立無援？

你可能認識這樣的人——總是正確，總是講理，總是堅持原則，但卻在人際網絡中逐漸被邊緣化。他們常說：「我沒錯，是他們不懂我。」常見於高度自律、重視控制與規則的人身上，類似「強迫性人格傾向」或 MBTI 的 TJ 型人格。他們習慣用邏輯與原則處理關係，卻忽略了人際互動中情緒的敏感度與彈性，最終可能陷入孤立與誤解。

問題在於：人與人之間的互動，並不總是依照理性運作，而是深深受到「情感信任」與「共感能力」影響。如果一個人太執著於理性的正確，就可能無法給出足夠的理解空間與心理安全感。

《心經》強調「無所得」，提醒我們：人際互動不該是一場得失比拼，而是一場關係的修行。你可以對，但要有讓人願意靠近的空氣感；你可以堅持，但也要留出彈性讓人願意靠近你。

3. 建立人際平衡感的三個原則

要在關係中保持智慧與柔和，以下三項心理策略將幫助你找回與他人相處時的內在平衡：

(1) 理解情境，不只理解道理

不是所有的錯，都需要被糾正；有時候，情境中的「支持」比「教育」更重要。問問自己：「此時此刻，我是想要對，還是想要好？」

(2) 情緒比邏輯更快進入人心

學會在表達觀點前，先回應對方的情緒。例如：「我知道你現在可能很受挫，我想聽你怎麼看這件事。」先通過感受連結，再傳遞立場。

(3) 人際關係不是辯論，而是共同創作

每一段關係，都是雙方共同創造的空間。如果你總是堅持「照我來」，會讓對方失去參與感與歸屬感。試著說：「我們一起來想想辦法。」這句話比「你該怎麼做」有力得多。

這三種技巧，能幫助你在不放棄自我的前提下，建立一種「柔中帶剛」的存在感。正如《心經》所揭示的：真正的智慧，是放下剛硬，學會順勢而行。

4. 當你過度理想化關係，失衡就悄然發生

另一種常見困境，是將關係「想得太完美」。你以為兩人只要真心就不會有誤會；你以為只要夠努力，關係就會自然

穩定。但現實總會告訴我們：再深的交情也需要界線，再多的默契也需要溝通。

心理學家哈羅德·凱利（Harold Kelley）與約翰·提博（John Thibaut）共同提出「社會交換理論」，指出人際關係的維繫取決於個體對關係的「報酬與成本」評估、過往經驗所建立的「比較水準」，以及「是否存在更好的替代關係」。若一方長期感受不到回報、無法設立界線，或認為存在更優的選項，則可能導致關係破裂或情緒耗竭。

這種心理狀態會讓人掉入兩極：

- 過度付出型：「我都做那麼多了，為什麼他們不感激？」
- 過度防衛型：「我不要再相信任何人了，太傷人了。」

這兩者的根源，其實都是因為未能建立好人際關係中的現實感——你對人性的「雜質」沒有預期，對互動的「灰色地帶」沒有準備。

《心經》說「遠離顛倒夢想」，你要離開的不是人群，而是你對「完美關係」的執著幻想。

5. 智慧的圓融，是能鬆能緊的內在準則

真正的待人處事藝術，不是「什麼都好說」，也不是「永遠不讓步」，而是：你知道在什麼時候該堅定、在什麼時候該彈性，並始終不偏離自己內在的價值核心。

心理成熟的特徵之一，就是「原則清晰，操作靈活」。這種能力讓你在團隊中不會被利用，也不會被孤立；在人際往來中能給人信任，又不讓自己疲憊。

這正是《心經》所謂「無罣礙故，無有恐怖」的深意——當你不再害怕關係中的模糊與不確定，當你能允許他人與自己都不是完美角色，你就能從心底生出一種柔韌又清明的平衡力。

願你在人際世界裡，不再極端，不再焦躁，而能像一池水——有流動的彈性，也有底層的穩定；不求過於清澈，卻總能養魚生蓮。

第三節　聰明與糊塗的心理界線

色即是空，空即是色；受想行識，亦復如是。

1.「什麼都看懂」，不代表「活得輕鬆」

當代社會極度推崇聰明 —— 高效、清晰、能言善辯、洞悉人心。但真正活得穩定的人，不見得是最聰明的那一群，而是那些知道何時該看清，何時該裝糊塗的人。

《心經》提到「色即是空，空即是色」，其中蘊含的並非虛無主義，而是：你所看到的現象，不必執著為絕對真實。對應在心理學上，這正是所謂的「選擇性覺察」(selective awareness)。

過度聰明的問題，是總想控制局面、理清關係、分辨對錯；但人際世界裡，許多問題沒有標準答案。你越清醒，有時反而越辛苦。因為你會不自覺地扛起「改變別人」或「修復關係」的壓力。

所以，真正的修練不是只會拆穿別人，而是懂得在知道真相後，依然選擇溫柔地沉默與放過自己。

2. 過度清醒會讓你失去彈性與寬容

心理學家丹尼爾·康納曼（Daniel Kahneman）曾提出「系統一與系統二思維」的概念：系統一是直覺、快速、模糊的反應；系統二是邏輯、精準、慢速的思考。

過度依賴系統二的思維模式 —— 也就是過度理性與清晰分析 —— 雖然能在解題與決策中表現出色，卻會在關係與情緒層面產生「人味不足」的副作用。

舉例來說：

- 你總能拆解別人的行為動機，卻漸漸懷疑每個善意是否藏有意圖；
- 你總能看穿人情世故背後的算計，但卻無法再輕鬆享受一場單純的邀約；
- 你總能在對話中占上風，卻發現別人愈來愈不願真心靠近你。

這時候你會發現，活得太聰明，反而失去生活的韌性與柔軟。

《心經》中的「空即是色」提醒我們：看穿了，也要學會再看回來。你可以看懂，也可以選擇不說破；你可以洞察，也可以選擇不行動 —— 這並非虛偽，而是成熟。

3.「假裝不知道」是一種心理強者的選擇

很多人誤解「糊塗」是無知或懶惰，但其實，心理學中所稱的「選擇性糊塗」是一種成熟的心理防衛機制（mature defense mechanism），它是自我保護與關係維繫的智慧策略。

在實務上，「裝糊塗」有三種心理功能：

保留界線，降低衝突風險

你明知對方在說謊，卻選擇以另一種方式回應，不戳破，是因為你知道關係比勝負重要。

減少內耗，讓心力集中在更重要的事

你知道某件事的本質並不如表面單純，但你選擇不追根究柢，因為你有更需要投入的地方。

維護他人尊嚴，保留關係中的空間

即使你看透了對方的動機與局限，也選擇點到為止，因為你理解每個人都有不願示人的軟弱。

這種能力的養成，不是壓抑，而是一種對複雜現實的高敏感與高度自我調節力的展現。

就如同《心經》所教：「受想行識，亦復如是」—— 你能覺察，但不必執著，你能懂得，但不必急著拆穿。

4. 真聰明，是知道什麼該堅持，什麼該放下

成熟的智慧，不是什麼都懂，而是知道什麼值得你花時間與能量去懂。

這在心理學上被稱為「認知節能原則」—— 面對資訊過載與情緒複雜的世界，真正強大的人不是全懂，而是懂得選擇性地投入與抽離。

例如：

- 你堅持誠信原則，但不會因為一個小謊而與人決裂；
- 你理解公平，但也接受世界總有灰色地帶；
- 你在乎自己，但也能給別人犯錯的空間。

這種彈性背後是深刻的心理界線：你知道自己在哪裡該堅持，哪裡該退讓，哪裡該說明，哪裡該沉默。

《心經》裡那句「依般若波羅蜜多故，心無罣礙」，就是這樣的境界：不是你什麼都無感，而是你不再被一切牽著走。

5. 當你學會「有界線地聰明」，你就真正自在了

有些人努力追求聰明，其實是出於不安全感 —— 我怕被騙，所以我必須什麼都看透；我怕失控，所以我必須什麼都掌握。但這樣的你，其實始終在焦慮地守著一套防衛系統。

真正內在穩定的人，不是因為看不見風險，而是就算看見了，也能安然地選擇相信、包容與釋懷。這不是退讓，而是一種心理高度。

你看穿了，卻選擇不聲張；你理解了，卻仍願意給人時間；你有能力指出問題，卻更願意等待彼此成熟。

這樣的你，既聰明又溫柔，既有力量又讓人安心。

願你在這混沌世界中，擁有足夠的覺知去識破虛妄，也擁有足夠的慈悲與彈性，選擇適度的糊塗，保留關係的溫度與人生的餘裕。

第四節　用正念戰勝情緒化

心無罣礙，無罣礙故，無有恐怖，遠離顛倒夢想，究竟涅槃。

1. 情緒不是敵人，而是失控反應才是

我們常將「情緒化」視為負面詞彙，但事實上，情緒本身並不可怕，它是一種信號、一份訊息。可怕的是當我們被情

緒綁架而失去選擇能力時，才會產生破壞性的後果。

心理學將這種失控現象稱為「情緒劫持」（emotional hijacking），即是大腦杏仁核對刺激反應過快，超越理性處理的速度，使人陷入衝動、過度解讀與失序行為。這種狀態，往往在爭執中脫口而出的話語、衝動購物、或崩潰落淚之後，才讓我們陷入懊悔與自責。

而《心經》中「心無罣礙」的真義，即在於：你仍有情緒，但不再被情緒主宰。

這就是「正念」的修練 —— 不是壓抑情緒、假裝沒事，而是透過當下的清醒覺察，看見情緒而不立即反應，讓自己重新拿回心理的主導權。

2. 正念不是禪修而已，
而是一種生活的反應選擇

許多人誤解正念是打坐或靜坐，其實，正念的本質是將注意力拉回當下、保持覺察但不評價。喬恩．卡巴金（Jon Kabat-Zinn）將正念定義為：「對當下經驗的有意識注意，並不帶評斷地接納它。」

在這樣的練習中，重點不是控制你的想法，而是看見你如何產生那些想法 —— 並不急著跟著走，而是靜靜觀察。

舉例：

- 生氣時，你不是立刻回應，而是覺察：「我正在生氣，我的心跳加快，我想反駁。」
- 焦慮時，你不是立刻逃避，而是觀察：「我感覺胃緊繃，我開始想像失敗的後果。」

這些看似微小的停頓，就是你與情緒之間的空間，也是你與智慧之間的橋梁。

正念，不是讓你成為一個沒有情緒的人，而是讓你成為一個能夠選擇怎麼回應的人。這份「有空間的反應」，才是《心經》所說的「無罣礙故，無有恐怖」—— 你不再被每一波浪潮帶走，而是能站穩在原地看它來去。

3. 情緒來臨時的五步正念練習法

為了幫助讀者在日常生活中實際操作正念處理情緒，這裡提供一套簡單可行的五步練習法，每一次情緒湧現時，都可作為內在的「反應慢鍵」。

(1) 停：先別說話，也別馬上做任何動作

這是打破慣性反應的關鍵，給大腦與身體三秒鐘的冷卻期。

(2) 呼吸：把注意力放在一個深長的吸氣與吐氣中

這不只是放鬆，而是重啟身心的開機鍵。

(3) 覺察：問自己 —— 我現在正在感受什麼？我的身體有什麼變化？

例如：「我胸口很悶，我眉頭緊皺，我想要逃。」

(4) 命名：幫這個情緒取個名字

心理學研究指出，給情緒一個明確名稱（如「焦慮」、「受傷」、「挫敗」）能降低它對大腦的綁架。

(5) 選擇：問自己 —— 我可以有什麼回應的選項？哪個最對得起現在的我？

這是回到理性與自由選擇的瞬間。

這套流程不需要完美，只要你每次能完成前三步，就已經成功建立情緒與覺察之間的斷點，讓情緒從「自動駕駛」變成「選擇性駕駛」。

4. 為什麼有些人學了很多道理，卻仍控制不了情緒？

這是許多追求自我成長者的困惑：我知道要冷靜、我也學了很多理論，為什麼還是失控？

答案往往是：你的情緒不是知識層面無法調節，而是身體記憶尚未解凍。

心理學上稱這為「情緒記憶」(emotional memory)，它儲存在大腦深處與身體反應系統中，並非靠「想通」就能釋放。你可能知道你應該原諒某人，但你的身體一看到對方仍會緊繃；你可能知道自己沒那麼差，但遇到挑戰時仍會自我否定。

這時候，正念介入的作用不是說服你，而是透過反覆練習，把覺察變成新的神經連結。

每天十分鐘的正念呼吸，每次不急著回嘴，每一回願意坐下來觀察自己的情緒，而非立刻反應，都是在用新的方式「訓練你對情緒的處理反射」。

這不是理性戰勝情緒，而是讓智慧慢慢替換你原本自動化的情緒習性。這就是《心經》中「遠離顛倒夢想」的歷程 —— 情緒不再是錯亂的投射，而是清楚而平靜的訊號。

5. 當你能在風暴中安住自己，你就成了自己的靠山

正念不是讓你變得高尚或超脫，而是讓你在現實的生活裡能夠做自己最需要的那個安穩的人。

你可以仍然悲傷，但你不會掉進自我否定裡；你仍然會被

觸動，但你不會因此爆炸；你還是人，但你是個有選擇權的人。

這樣的你，不只是情緒管理得宜的人，更是心理結構穩定的人。

這正是《心經》最後所指的「究竟涅槃」—— 不是沒有波動，而是你知道如何安然地度過每一場內在風暴；不是永遠平靜，而是你知道怎麼回來。

願你從今天起，不再與情緒對抗，而是學會與它共舞；不再讓情緒決定你的樣子，而是讓你的覺察，為自己開出更穩定的生活節奏。

第五節　以「無為」的心態成就更多

是大神咒，是大明咒，是無上咒，是無等等咒，能除一切苦，真實不虛。

1. 什麼是「無為」？不是不做事，而是不勉強

很多人一聽到「無為」這兩個字，就以為那是放任、不積極、甚至消極的象徵。但其實，從佛學與心理學的觀點來

看，「無為」的精髓並不是什麼都不做，而是在不強求的狀態下，讓事情自然發展成它該有的樣子。

《心經》中所說的「真實不虛」，不是指外在現象的穩定，而是你內在清楚地看見：很多時候，努力過頭反而是阻力的來源。

心理學上稱這種現象為「後抑制反彈效應」（ironic process theory）—— 當人過度用意志力去控制某件事，結果反而會出現相反的結果。例如：

- 越告訴自己「不能失眠」，越睡不著；
- 越想快點完成工作，越出錯頻繁；
- 越想壓下情緒，越容易情緒爆炸。

這些例子告訴我們：「過度用力」有時不但無效，甚至有害。而「無為」的心態，正是一種對內在節奏的尊重與調和。

2. 當你不再逼自己，反而更容易進入「心流」

美國心理學家契克森米哈伊．米哈伊（Mihaly Csikszentmihalyi）提出「心流」（flow）概念，指的是人在全神貫注投入某件事時，進入一種忘我的高效狀態。這種狀態的特徵包括：時間感消失、自我意識下降、行為順暢自然。

而達到「心流」的關鍵，不是拚命努力，而是在挑戰與能力之間找到剛剛好的平衡點，並且進入一種不設期待、不強迫控制的節奏中。

舉例來說：

- 寫作時，你不是想著「我今天一定要寫三千字」，而是：「我先寫一段看看，順著寫下去」；
- 瑜珈時，你不是拚命拉開每個動作，而是：「我在觀察呼吸與身體的配合」；
- 演講時，你不是要掌控全場觀眾，而是：「我專注分享我的故事，讓訊息自然傳遞出去」。

這就是「無為」的狀態：你仍然努力，但你的努力中沒有慌張與強求。你專注在每一個當下的回應，而不是未來的結果。這種內在節奏的安穩，反而讓你更有可能發揮真正的潛能。

3.「非努力心態」：心理學上的現代無為學

在現代行為療法中，有一個與「無為」精神相近的觀念，叫做「非努力心態」（non-striving attitude），尤其常見於正念減壓訓練（MBSR）中。

這種態度的重點是：你仍有目標，但你不把結果當作衡量自我價值的標準。你仍努力生活，但你不為每一次失誤而過度自責。

非努力心態並不代表放棄，而是代表接受與調整。以下是幾個實用的轉化思維：

- 把「我一定要做到完美」改成「我會全力以赴，但也容許過程有波動」；
- 把「我不行就表示我沒用」改成「我現在做不到，只是代表我還在學習」；
- 把「我要成功才有價值」改成「我活著的價值，不取決於輸贏，而在於有無投入與覺察」。

這些轉化，不只是心理技巧，更是一種深度的內在釋放。《心經》所說的「能除一切苦」，其實就是從這種「非努力、但仍努力」的雙重意識中誕生的清明狀態。你能做事，但不再被「成果焦慮」與「完美恐慌」綁架。

4. 過度努力背後，其實藏著一種深層焦慮

你曾問過自己為什麼總是這麼拚命嗎？為什麼一放鬆就焦慮，一沒做事就有罪惡感？這其實來自一種潛在信念：「我只有努力，才值得被愛。」

生活教練瑪莎·貝克（Martha Beck）稱之為「有條件的自我價值認同」—— 你的自我價值是綁定在表現與成績上的。一旦你沒有達標，就會覺得自己一無是處。

這樣的你，哪怕成就再高，也總是活在緊繃與空虛之間；即使別人讚賞你，你也只覺得那是「撐出來」的，而非自然流露的。

「無為」的修練，就是在鬆開這條內在枷鎖。你要學會問自己：

- 「我可以不那麼拚命，仍然值得被肯定嗎？」
- 「我可以慢一點，仍然前進嗎？」
- 「我可以不做給別人看，而為自己活一次嗎？」

當你開始允許這些答案為「是」，你就會發現：你不再被「努力」奴役，而是讓「努力」成為你自主選擇的方式。

5. 無為，不是停下腳步，而是更懂得順勢而行

最終，「無為」不是教你什麼都不做，而是教你什麼時候該用力，什麼時候該鬆手；什麼該主導，什麼該交給時間與生命的節奏。

就像農夫懂得在播種後等待天時，音樂家懂得在樂句之間留白，真正的成就者，都懂得一種「放手」的藝術。

這並不是懶惰或逃避，而是智慧地選擇順勢而行，不逆勢硬拚。這樣的你，反而更能走得遠、活得穩，也更容易擁有身心一致的幸福感。

《心經》最後說的「能除一切苦，真實不虛」，不是一種許願式的安慰，而是一種修行後自然抵達的心理狀態：你仍會努力，但你不再掙扎；你仍會受挫，但你知道這一切都只是過程。

願你從此不再以「拚命」定義人生，而是以「覺察與節奏」打造屬於你的成功之路；願你活在「無為」的智慧中，做得少一點，成就卻更多。

第六節　平淡生活中的心理修練法

是故知般若波羅蜜多，是大神咒，是大明咒，是無上咒，是無等等咒。

1. 不在高潮，也不在低谷，修行藏在平凡裡

多數人誤以為人生的成長一定發生在重大轉折點：失戀、離職、親人離世、重病……彷彿非得經歷一場風暴，才能有所覺醒。但真相是，大多數人的生命，其實是由無數個無風無浪的平淡日子構成的。

而正是在這些日子裡，才最容易被忽略的，就是修練心性的絕佳時機。

《心經》中所說的「是大明咒，是無上咒」，其實不是神祕口訣，而是一種觀念上的提點 —— 真正的智慧，不在聲勢浩大的事件中，而藏在你是否能在每個平凡的當下，保持清醒、穩定與柔軟。

心理學稱這種能力為「生活化的覺察」(everyday mindfulness)，意思是：你不需要到深山閉關，也不必特別設定儀式，只要在煮飯、走路、洗碗、對話、整理桌面時，願意多觀察一點自己的呼吸、想法與情緒反應，你就已經在修練。

2. 心理韌性，是從無聊中長出來的

現代人最怕的不是苦，而是「無聊」—— 當沒事可做、無人找你、社群靜默，許多人會陷入不安，甚至焦躁。這不是因為你懶惰，而是因為大腦習慣了刺激依賴（stimulation dependency），需要外部輸入來維持存在感。

心理學家丹尼爾·列維廷（Daniel Levitin）指出，大腦若長時間沒有接受刺激，會觸發內在「不安迴路」（default mode network），使我們開始回想過往失敗、焦慮未來情境、質疑自己的價值。

但其實，真正的穩定，是從這些看似無聊與平靜的片刻中練出來的。你能不能一個人吃飯、不滑手機？你能不能洗澡時不思考工作？你能不能靜靜坐著發呆五分鐘？這些能力，才是修練真正的基礎。

這些時刻，正是你與自己重新對話的關口。你若總依賴外界來定義存在感，那麼心永遠難以安住。你若能在無事中坐定，那麼人生再多風浪，也不易被推倒。

3. 三個平淡日常中的修練場景

以下提供三個平凡生活中的修行情境與實踐建議，協助你將日常轉為覺察的道場：

情境一：早晨醒來的第一分鐘

不要立刻滑手機，先閉眼靜躺一分鐘，觀察當下的呼吸與身體感覺。問自己：「我現在是緊張？期待？還是空白？」

情境二：排隊與等候的零碎時間

與其煩躁，不如默數呼吸。吸氣數一，吐氣數二……數到十再重來。這讓你從「時間焦慮」回到身心同步。

情境三：與人相處的片刻空白

朋友講話中途停頓，別急著接話。留個兩秒靜默，觀察自己的衝動與對方的情緒。練習「不急著填補空白」的力量。

這些看似微小的練習，若日積月累，便能為你建立起一條條情緒與覺察之間的神經通道，使你在關鍵時刻不再輕易失控，而能選擇更合適的回應方式。

4. 穩定內在節奏，比追求突破更重要

自我成長的圈子裡，常常強調「跳脫舒適圈」、「極限挑戰」、「每月一進步」。這些概念固然激勵人心，但若缺乏內在節奏感，只會讓人陷入疲憊與自責。

心理學家凱莉．麥高尼格（Kelly McGonigal）提醒我們：真正能改變人生的行為，往往來自「穩定而一致」的日常，而

非「突然的大突破」。

與其每隔兩週爆發一次三萬字的寫作，不如每天寫三百字；與其偶爾跑十公里，不如每天快走半小時；與其一年內換三份工作，不如好好待在一個職位上上，磨練出穩定輸出的節奏。

這種節奏感，來自內心的平衡與覺察，而非外界的壓力與比較。這也是《心經》中「是無等等咒」的智慧所在——真正難以超越的，不是那些一次成名的人，而是那些默默累積、長年穩定的人。

5. 平靜的日子裡，你才能真正認識自己

你有多久沒靜下心來問問自己：

- 最近的我，有變得比較穩定嗎？
- 我的情緒是有方向的，還是隨風飄搖？
- 我喜歡現在的節奏，還是只是被生活推著走？

這些問題，在忙碌中你很難回答；但在平靜中，它們會自然浮現。而你只要願意誠實回應，就已經在修行。

《心經》說：「是大神咒，能除一切苦。」這句話的意涵，不是魔法，而是指：當你能在平淡生活裡，持續練習覺察、

穩定與寬容，那些原本足以摧毀你的焦慮與恐懼，就會被溫柔地化解。

願你不再等風暴來時才修心，也不再只在光鮮場景裡找自己；願你在每一餐飯、每一次呼吸、每一個靜默中，都能遇見一個更踏實、更有力量的自己。

第六章
人生價值與抉擇智慧

《心經》引文：「無色聲香味觸法，無眼界，乃至無意識界。」

解說：人生價值不在於感官經驗或外界回饋，而是超越形相、看見選擇自由與意義的本心。

第一節
學會選擇：提升決策的智慧

觀自在菩薩，行深般若波羅蜜多時，照見五蘊皆空，度一切苦厄。

1. 選擇，是人生的隱形構圖者

人生所有的樣貌，其實都是一連串選擇的結果。選擇讀哪間學校、交往什麼樣的人、接受哪份工作、說出或忍住哪句話……這些看似日常的小決策，構成了我們所謂的「命運」。

《心經》開頭說「觀自在菩薩，行深般若波羅蜜多時，照見五蘊皆空，度一切苦厄」，揭示了：當你能夠用智慧深觀萬象，不再執著於表象與情緒，那麼你就能度過那些困擾你已久的痛苦。

這句話也啟發我們：做選擇的智慧，不在於選得多快或多準，而在於選得是否來自內在清明的看見。

心理學家司馬賀（Herbert Simon）提出「有限理性」（bounded rationality）概念，指出人在做決策時，往往受到資訊不全、時間限制與情緒干擾影響。因此，提升決策品質的關鍵不是「完美資訊」，而是「足夠清明」。

這就是決策的修練起點：先修心，再修選擇。

2. 情緒化決策的五大陷阱

當我們在焦慮、憤怒、委屈、急躁中做選擇時，往往會掉入情緒決策的陷阱。這裡整理五種常見的情緒性錯誤決策模式：

- 迴避式決策：為了逃避短暫不舒服，而選擇不面對真正重要的議題，例如「不處理爭執、假裝沒事」。
- 補償式選擇：過去曾失敗一次，現在硬要在另一選項中「補償」，即使它未必適合你。
- 證明式行動：你想透過這個選擇，來證明自己有價值，而非真的覺得這是最好決定。

- 從眾式決策：你做這個選擇，不是因為你相信它，而是因為大家都這麼做。
- 結果幻覺：你幻想這個選擇會讓一切變好，但其實是你對未來的過度投射。

這些都不是理性的錯誤，而是情緒未被梳理就急於行動的結果。想避免這些陷阱，你要學會的第一個能力是：在做出選擇前，停下來觀察自己的心境。

3. 決策前的三問修練：幫你拉開距離、回到核心

做選擇時，最怕的是「身在局中看不清」。因此，心理學建議採用「決策前的自我對話」技術，透過以下三問，讓你從慣性跳脫、看清內在動機：

第一問：我為什麼非得現在做這個決定？

→問這句話可以幫你釐清是否被「時間壓力」驅動，還是有真正的理由。

第二問：這個選擇，是我想要的，還是我怕失去的？

→很多選擇並非來自渴望，而是來自害怕。如果是後者，那麼你需要的是修補內在，而不是外在行動。

第三問：這個選擇，對三年後的我，是成長還是逃避？

→把視野拉遠，有助於你從短期情緒中脫離出來，重新回到價值導向的思維。

這三問，不會讓你立刻擁有答案，但它會讓你在選擇的交叉路口，不再迷失方向。

4. 真正的選擇，是接受你無法控制的一部分

多數人做選擇時之所以焦慮，是因為他們以為：只要選對了，人生就會沒事。但事實上，再好的選擇，都無法保證沒有風險與後果。

心理學家丹尼爾·康納曼（Daniel Kahneman）提醒我們：「人無法決定事情的結果，只能選擇在過程中成為什麼樣的人。」

這句話非常重要。它讓我們從「選對或選錯」的二元框架中跳出，轉而思考：「我想成為怎樣的人，我的選擇是否對得起這個人？」

當你放下對結果的絕對控制欲，反而更能安心地做選擇。

而《心經》中的「照見五蘊皆空」正是在說明這個觀念：萬物無常，你無法抓住一切，也無需抓住一切。你要練習的，不是控制萬象，而是安頓自己的心。

5. 成熟的決策，是為未來留下選項，不是堵死出路

在高不確定性的決策場景中，優秀的決策者傾向於保留選項與彈性，避免過早鎖定唯一解。這種策略性保留未來調整空間的行為，在行為經濟學中可見於「選擇彈性偏好」與「實物選擇權理論」等概念。

以下是三個選項保留的具體做法：

- 若兩個選項難以取捨，不妨以「試行」或「雙軌進行」方式小規模嘗試。
- 在重大選擇前，先設定「階段性回顧點」，避免走太遠才後悔。
- 保留回轉與補救的空間，不要讓面子與逞強綁住行動自由。

成熟的你，不需要每一次都賭上全部；你只需要確保每一次都能往更清楚的方向靠近。

願你在每一次選擇之前，都能先選擇好自己的心態；願你從恐懼與匱乏中抽身，讓每一個選擇，都來自平靜與智慧。

第二節
萬事隨緣不強求的生活藝術

無罣礙故，無有恐怖，遠離顛倒夢想，究竟涅槃。

1. 隨緣不是消極放棄，而是積極選擇不強求

當我們聽到「隨緣」，多半會聯想到「放棄」、「無力改變」、「隨便」；而「不強求」常被誤認為是懶散、不思進取。然而，《心經》中「無罣礙故，無有恐怖」的智慧，其實正是教我們如何看見一切因緣的條件限制後，仍選擇內在的平靜與穩定。

這在心理學中對應到「心理彈性」（psychological flexibility）的概念。心理彈性指的是：在現實不可控的狀況下，仍能持續活在自己價值觀引導的方向上，並與當下保持覺察與連結。

真正的隨緣，不是放棄努力，而是理解努力的界線、放下不必要的執著、並將焦點轉回到自己可以控制的內在特質——例如穩定、尊重、耐心、覺察。

所以，「隨緣」不是等，而是不帶執著地行動；「不強求」不是什麼都不做，而是清楚自己做了，也允許世界不依照你的期待運作。

2. 強求的背後，是對「控制感」的過度依賴

你是否曾陷入這種心理循環：

- 明知對方的心已遠，仍死命維繫感情；
- 明知這份工作讓你耗損，卻不敢離開，因為不甘心；
- 明知自己已經盡力，卻還是責怪自己「不夠好」。

這些，其實都是「過度控制」的表現。心理學將這種模式稱為「情境抗拒」（experiential avoidance）—— 我們過度想要改變外在的某種狀況，只因內在無法接受它。

這種控制欲的本質，其實是害怕與焦慮的掩飾。當我們感覺無力、混亂時，大腦為了讓我們安心，會試圖讓我們相信：「只要再努力一點、一再調整、一再分析，就會如我所願。」

但事實是：越是強求，越讓自己耗損，也越阻斷生命本來就有的自然流動。

《心經》中的「遠離顛倒夢想」，正是在提醒我們：你現在抓著不放的東西，真的符合現實嗎？還是只是你過去投射出來的某個夢境？

3. 練習「接納不完美」的三步驟

要學會不強求，你需要的不只是說服自己「不要執著」，更需要實際練習「如何與不如意共處」。以下三個步驟，來自接納與承諾療法（ACT）的核心技巧，可幫助你在關鍵時刻放下控制：

步驟一：命名你的期待

問自己：「我現在最放不下的是什麼？」

→把它具體寫下來。例如：「我期待這次面試一定成功」、「我希望對方一定理解我」。

步驟二：觀察期待與現實的落差

問：「如果現實並未如願，我會有什麼情緒？這些情緒代表什麼需求？」

→這一步幫你從「成敗」的執著抽離出來，回到真正需要被安撫的內心。

步驟三：接納現狀下的行動選項

問：「如果不再強求，我還能怎麼選擇一個不違背自己價值的做法？」

→重點是：不放棄，但也不拚命要它照我意思前進。

這三步，能協助你在遇到關係卡住、計畫延遲、結果不如預期時，找到一條心理上「轉彎但不後退」的路。

4. 當你讓世界自由，你也終於自由了

心理學研究指出，最穩定的人格特質不是「堅持」，而是「靈活」。這意味著：當你能接受事情未必照你想的進行，反而更容易活出效率與平衡。

試著想像一棵樹：面對暴風雨時，最能屹立不搖的，不是硬直挺立的，而是那些有彈性的枝葉與根系。因為它們能順應風勢，也能在風吹過後恢復原位。

在生活中，「讓世界自由」的實踐方式，可以是：

- 當你做完一件事，允許自己不檢討結果；
- 當你發送訊息後，不焦急對方的回覆；
- 當你提出想法後，能接受他人有不同意見。

這些都不是「不在意」，而是深知自己只負責努力，世界不需對你的期待負責。

《心經》中的「無有恐怖」說的就是：當你放下控制之心，恐懼就無所依附；當你讓世界自由，你也終於可以自由。

5. 隨緣不是終點，而是智慧行動的起點

真正隨緣的人，不是什麼都不做，而是在行動後不執著、不焦慮、不悔恨。他們仍會努力，仍會準備，仍會經營生活，只是他們多了一份「放下」的能力。

佛法中的「三分人力，七分天命」並非宿命說，而是一種內在的秩序感 —— 你努力盡人事後，學會對無法掌控的部分微笑致意，不再內耗。

當你真正理解「隨緣」的力量，你會發現自己更有勇氣去做事，更有餘裕去愛人，更有信心走在未來不確定的路上。

願你在人生起伏之中，學會在能努力之處全力以赴，也學會在無可奈何之處，心中依然有光、有方向、有平靜。

第三節　以心理韌性面對得失

照見五蘊皆空，度一切苦厄。

1. 面對得失，情緒波動是正常的，但反應方式可以選擇

在每一次人生高峰與低谷之間，我們都會經歷一種情緒的波動：成功時興奮、自我膨脹；失敗時沮喪、自我貶低。這些情緒都是人之常情，無需壓抑。

但《心經》中「照見五蘊皆空，度一切苦厄」提醒我們：如果你能透過智慧看見情緒與現象的本質是「空」—— 即無恆常、無絕對，你便能從情緒中抽身，找到穩定的重心。

心理學家蘇珊 · 大衛（Susan David）指出：「情緒不是指令，而是資料。」也就是說，我們可以感受情緒，但不必照著情緒行事。

真正的心理韌性，不是從不低潮，而是在情緒來臨時，知道自己還可以怎麼回應。

2. 得到時不忘初衷，失去時不否定自己

「得失」這兩字之所以令人糾結，是因為我們太容易把結果綁在自我價值上。當我們得到掌聲、升遷、戀愛時，便覺得「我終於有價值了」；但一旦失去它們，就像失去了一切，甚至懷疑人生意義。

這正是《心經》中提醒我們要「度一切苦厄」的關鍵：不讓任何外在結果綁架你的內在感受。

心理韌性強的人，會這樣看待得失：

- 得到，不迷戀：知道這是努力與因緣的成果，不是永恆的身分。
- 失去，不崩潰：知道這是階段性事件，不是永久性失敗。

這樣的看法，讓人更有力量地處理現實，也更能維持心理健康。研究指出，能夠區分「自我價值」與「表現結果」的人，抗壓性與幸福感都更高。

所以當你成功時，不妨問自己：「除了這個成就，我還有什麼值得感謝的存在？」

當你失敗時，也問：「除了這次挫敗，我還有哪些正在持續耕耘的事？」

這樣的對話，會讓你在得失之間站穩腳步，內在更不容易被擊垮。

3. 韌性的關鍵不是強，而是能屈能伸的彈性

很多人以為心理強大的人是「不怕痛」、「堅持到底」、「遇到困難從不退縮」，但心理學早已證明：真正的韌性來自心理的彈性（psychological flexibility），而非剛強。

彈性來自三個能力：

面對現實而不否認

願意承認自己的痛苦與脆弱，而不是假裝一切都好。這不是軟弱，而是自我覺察的開始。

接納當下不完美的自己

放下「我應該早就可以……」、「為什麼我還會犯這種錯」這種內在鞭打，轉而練習慈悲地理解自己的困境。

保持價值導向的行動

即使失敗，也持續走在對自己重要的方向上，例如誠實、健康、創造、連結，而不是單純追求勝敗。

這三種能力，就是心理韌性的根。當你學會不只「撐下去」，而是「調整方法再出發」，你已經比昨天更強大。

4. 用「心理帳戶法」面對失敗與成功的波動

經濟學家理查．塞勒（Richard Thaler）提出「心理帳戶」概念：我們會將生活中各種事件分類儲存，例如「成功帳戶」、「親情帳戶」、「健康帳戶」，並根據帳戶的餘額感到開心或痛苦。

但人生中某些帳戶（例如職場成就）有時會出現巨幅波動，如果你只倚賴單一帳戶來維持心理平衡，那麼當它出現虧損時，你也會整個人崩盤。

真正的心理韌性，是建立「多重心理帳戶」：

- 當你在工作失利時，轉向「成長帳戶」，問自己：「我學到了什麼？」
- 當你在關係受傷時，打開「友情帳戶」，找尋其他人際連結的支持。
- 當一切似乎都不順時，重啟「感恩帳戶」，練習列出每天的小確幸。

這樣的帳戶系統，能在你一時破產時，給你「心理現金流」，幫助你穩住當下、不陷入自我否定與災難化思考中。

5. 真正的強者，不是從未跌倒，而是願意練習重新站起來

《心經》教我們「度一切苦厄」，不只是度過眼前的困難，更是度過內心深處那份「不能接受不完美的自己」的執著。

社工研究者布芮妮・布朗（Brené Brown）說：「脆弱不是失敗，而是通往勇氣的入口。」你願意正視痛苦、不假裝沒事，並且在過程中持續前行，這本身就是一種勝利。

所以，與其追求一勞永逸的解決方案，不如練習每一次失落時，都有能力自我修復、自我整合。

願你在面對得失起落時，不再糾結於控制人生的節奏，而是學會陪伴自己走過情緒的風暴，找回那份內在真正不被動搖的力量。

第四節
面對生死：心理上的成熟

色不異空，空不異色；色即是空，空即是色。

1. 死亡不是終點，而是讓你更懂得活的契機

我們很少願意主動談論死亡，但它卻是人生唯一確定會發生的事。當人們被問及「你最害怕的事是什麼？」，「死亡」總名列前茅。然而，從《心經》的觀點來看，死亡並非絕對的終結，而是一種現象的轉化 —— 「色即是空，空即是色」。

這裡的「色」代表形體、生命現象，「空」代表本質無常與變化；也就是說，生命與死亡不應該被視為對立，而是一體兩面的循環。

心理治療思想家歐文·亞隆（Irvin D. Yalom）在其著作中提到：「意識到死亡的存在，反而使人更真實地活著。」這種觀點並非消極，而是一種存在主義的醒悟 —— 只有當我們承認生命終將結束，我們才會真正開始問：「我想怎麼活？」

面對生死的成熟，不是無所畏懼，而是願意直視終結的事實，並因此更認真地選擇現在的每一刻。

2. 死亡焦慮，其實是對未活好的恐懼

很多人在面對死亡時產生的情緒，其實不是「怕死」，而是「怕來不及」。來不及表達愛、來不及完成夢想、來不及修補關係，甚至來不及成為自己想成為的人。

這種情緒被稱為「存在性焦慮」（existential anxiety），是人類對「有限生命」的深層恐懼。但這樣的恐懼，如果被壓抑，反而會以其他形式出現 —— 例如過度忙碌、過度控制、難以放手、害怕衰老。

真正的轉化方式，不是逃避死亡，而是讓死亡成為一種提醒：你要活得更真實、更有選擇性。

舉例來說：

- 當你想到生命有限，你會更願意放下無意義的人際關係；
- 當你知道死亡無法預測，你會更珍惜與家人共處的早餐時間；
- 當你知道名聲財富帶不走，你會更看重當下的平靜與心安。

死亡讓我們認清：什麼才是真正值得被活出來的價值。

3. 如何培養面對死亡的心理成熟度？

心理成熟不是不會恐懼，而是在恐懼中仍能找到行動與安定的方式。面對死亡，我們可以透過以下三種方法提升成熟度：

正念觀死：每天花三分鐘靜坐，觀想自己終將離開此世

不是為了悲傷，而是幫助你重新回到「此刻的呼吸」—— 它仍在，你仍活著，那就去活出該有的樣子。

與親近之人談論死亡話題

很多人以為談論死亡是「觸霉頭」，但其實真誠地聊聊「想怎麼被紀念」、「告別式想怎麼辦」等話題，是對生命負責任的表現，也能深化彼此的連結。

練習「遺書式寫作」

偶爾花時間寫封信，假設你明天就離世，你想對誰說什麼？你還有什麼未完成的事？這封信不用給誰，只是幫助你釐清：你在活什麼、為了什麼。

這三種方法，不只讓你「準備死亡」，更讓你準備更清醒地活著。

4. 死亡教育的缺乏，是現代焦慮的重要根源

在過去的文化中，死亡與生命是共構的。例如農村社會會讓孩子參與喪禮、城市生活也常有宗教儀式，讓人習慣看見生命的結束。但現代社會強調效率、美化青春、逃避老化，讓死亡變成一個「該被隱藏」的話題。

這種集體逃避造成的結果，就是死亡焦慮轉化成了成功焦慮、控制焦慮、比較焦慮。

你之所以這麼怕輸、怕失敗、怕慢、怕老，不是因為你懶惰或軟弱，而是因為潛意識在提醒你：「你不敢面對終點，所以你急著把人生填滿。」

當你真正理解《心經》裡「色即是空」的智慧時，你會慢慢知道：真正的生命厚度，不在於塞滿，而在於看清。

你開始願意選擇少一點社交、慢一點行走、多一點靜坐，只因為你知道：「我不是在趕路，我是在活路。」

5. 與死亡和解，其實是與自己和解

死亡，是人類生命中最無法控制的現象。而我們對死亡的恐懼，正是對「無法控制的自己」的恐懼延伸。

真正成熟的心靈，不是能掌控萬事，而是能在無法控制

中，安頓好自己的反應與選擇。

當你能與死亡共處，你也就能與失敗共處、與遺憾共處、與孤單共處，因為你知道：

- 有些事，無需圓滿才能有價值；
- 有些關係，沒說完也曾真實發生過；
- 有些夢想，雖未完成，但你曾努力過。

願你在有限生命中，看見無限的活法。願你不再逃避死亡，而是以它為師；願你每一次面對終點的思索，都是一次靠近自己本質的機會。

第五節　理智面對病痛與人生轉折

受想行識，亦復如是。

1. 當身體出現問題，人生就進入了另一種考驗

健康一直是我們理所當然的底層安全感。直到某天醫生的一句話、一個診斷、一個突如其來的痛楚，才讓人驚覺：

原來我們活著，是那麼仰賴身體的正常運作。當病痛發生，無論是大病或慢性病，人生也隨之轉了彎。

《心經》提到「受想行識，亦復如是」，意思是連我們的感受、思想、行為與意識也都是「因緣和合、非恆常的現象」。這提醒我們：即使是「健康」這件事，也只是短暫階段的現象，而非永恆狀態。

當你從這個視角來看病痛，你會理解：病並不是懲罰，也不是你做錯什麼，而是生命正常且無法預測的一部分。理智的面對，不是冷漠地接受，而是以平常心與行動力，讓自己在病痛的環境中依然選擇活出意義。

2. 你有情緒沒關係，但別讓情緒定義你

疾病或重大轉折來臨時，最常見的心理反應是：震驚、否認、悲傷、生氣、焦慮、羞愧甚至罪惡感。這些都是自然且合理的情緒。

但問題在於，若我們將「病痛」視為「自我價值的崩壞」，就會被這些情緒吞沒。這種現象在心理學中稱為「情緒融合」（emotional fusion），指的是你不再只是「感到悲傷」，而是「我就是一個失敗的人」；你不只是「面對病痛」，而是「我人生完蛋了」。

理智的態度，不是要求你不悲傷，而是練習對自己說：

- 「我正在經歷身體的痛，這很正常，我不需要假裝沒事」；
- 「我有權利難過，但這不代表我失去全部」；
- 「我會陪伴自己一起走過這段不容易的旅程。」

這種語言上的轉變，就是從「情緒定義我」走向「我接納情緒，然後選擇行動」。這，就是療癒的開始。

3. 面對轉折，不是撐過去，而是重新選擇方向

人生有時像是一列高速行駛的列車，但病痛、意外或其他人生巨變，會讓列車突然煞停。有些人會問：「為什麼是我？」、「我該怎麼回到原來的軌道？」

但事實是，你的人生，已經不在原來的軌道上了。與其想「回去」，更實際的思考是：「我接下來，要往哪個新方向前進？」

心理學中稱這種重建為「創傷後成長」(post-traumatic growth)。研究顯示，許多歷經重大病痛與轉折的人，最終會在以下五個面向出現成長：

- 對生命的珍惜感提升；
- 更重視人際連結；
- 發展出新的人生目標；
- 對自身內在資源有更高信心；
- 更深刻的靈性體悟。

關鍵不是你是否摔倒，而是你是否願意站起來後，選擇新的前進方式。有些人因病痛成為照顧者、有些人因此轉行、有些人開始創作……人生不是被迫改變，而是選擇在改變中重新定義自己。

4. 理智是一種「溫柔地看清現實」的能力

理智，不是壓抑情緒、假裝堅強，而是看清真相後，仍然選擇柔軟地與自己站在一起。

很多人面對病痛，最大的障礙不是身體，而是「別人怎麼看我」、「我是不是成為家人的負擔」、「我好像拖累了整個團隊」。

這些內在批判聲音會讓人羞愧、孤單、退縮，但心理學提醒我們：這些念頭是「敘事認同」（self-narrative），是大腦為了理解變化而編出來的解釋，但不等於真相。

此時，你可以練習正念式提問：

- 這個念頭是事實，還是我對自己的評價？
- 如果我的朋友生病，我會對他這樣講話嗎？
- 有沒有可能，我值得被照顧與理解？

理智的成熟，是在於你不再用「理想的自己」來鞭打「正在經歷低谷的自己」。你開始用「正在復原的我」來取代「退步的我」，這樣的轉變，才會讓你的內在力量真正成長。

5. 病痛是挑戰，但也是重新親近生命的邀請

面對病痛與人生轉折時，最大的收穫往往不是康復本身，而是你重新與自己的身體、情緒、意志、價值建立了真誠的關係。

很多人說：「我從來沒那麼了解自己，直到我病了一場。」這不是空話，而是經驗性的真理。當我們失去一部分「原有的自己」，我們也同時被迫去發現「新的我」在哪裡。

《心經》中說「受想行識，亦復如是」，暗示我們：所有感受與認知，都是可以轉化的。你可以選擇痛苦中抱怨，也可以選擇痛苦中練習自我對話、深化存在意義。

願你在病痛中找到力量，在轉折中找到方向；願你知道：你不是受害者，而是仍然有選擇、有價值、有光的人。

第六節　珍惜平凡生活的智慧

無罣礙故，無有恐怖，遠離顛倒夢想，究竟涅槃。

1. 每天重複的生活，才是真實生命的主旋律

我們都渴望高光時刻：升職、戀愛、旅遊、創業成功……但現實人生其實大多由「平凡」構成——早起、洗衣、通勤、開會、煮飯、陪伴家人。真正影響我們心理品質的，不是高潮時刻有多燦爛，而是我們怎麼活在平淡的日子裡。

《心經》說「無罣礙故，無有恐怖」，不是說你不再害怕風暴，而是說你從日常中建立一種穩定的力量，讓你即使遇上風浪，也能守住自己的中心。

這也是現代心理學強調的「心理穩定力」概念（emotional stability）：你不追求狂喜，而是學會欣賞微光。

正念生活教導我們：「日常，就是修行的道場。」你怎麼對待早上那杯咖啡、怎麼回應家人一句話、怎麼在工作瑣事中保持清明，那才是你真正人格的樣貌。

2. 平凡中的幸福，不是事件，是一種能力

幸福不是等你達成某個目標才會出現，而是一種在每一刻中辨識出「此刻我擁有什麼」的能力。

心理學家馬汀．塞利格曼（Martin Seligman）提出「PERMA 模型」來定義幸福五大核心元素：正向情緒（positive emotion）、投入（engagement）、關係（relationship）、意義（meaning）、成就（accomplishment）。

但他同時提醒：這些幸福指標，不是靠「外在事件」堆出來的，而是靠你對日常細節的關注與詮釋建立出來的。

你可以從以下平凡片刻中練習幸福的能力：

- 吃飯時，細細感受食物的香氣與溫度；
- 走路時，感覺腳底與地面的接觸；
- 與家人對話時，注視對方的眼神而不分心；
- 下班時，對自己說聲「今天辛苦了」。

這些看似微小的行為，其實都是訓練大腦「辨識喜悅」的肌肉——越常練習，越容易在平凡中感受到幸福。

3. 停止把平淡與失敗畫上等號，是心靈成熟的開始

我們常因為「生活不夠精彩」而感到自責，彷彿若不是在不斷進步、發光、創造價值，就代表自己「停滯」甚至「失敗」。

但這樣的思維，其實來自一種深層的焦慮文化 —— 當我們把「動態成就」當成價值來源時，就很難享受靜態的日子。你會對「一切安好」感到不安，對「平靜如常」感到不滿。

這時候，學會停止與他人的進度比較，是必要的內在修練。

美國心理治療師托馬斯·摩爾（Thomas Moore）曾說：「靈魂需要重複與節奏，它不需要震撼與刺激。」

所以，當你開始喜歡上一種有規律的生活、不再渴望戲劇性變化、不再害怕平靜，那代表你開始對生命本身產生了新的認識與敬重。

4. 每一天的「儀式感」，都是你在告訴自己：你值得被善待

珍惜平凡，不代表隨便過日子，而是在每一天的重複中，創造出微小但真實的儀式與尊重。

儀式感不是奢華，而是讓你知道：「我不只是活著，我有在好好地活。」

這可以從以下行動開始：

- 起床時鋪好床，象徵今日重新開始；
- 用喜歡的馬克杯喝水，提醒自己要慢下來；
- 寫一段每日反思文字，幫助你整理內在；
- 每週留給自己一小時的「無所事事時光」。

這些生活的安排，不是效率導向，而是心理能量的灌溉方式。你不是為了成果而努力，而是為了保持對生活的敏感度而培養出「自我照顧的節奏」。

這就是《心經》中所說「遠離顛倒夢想」的另一種境界：你不再追逐外界的幻象，而是願意回到當下、細細與生活對話。

5. 當你懂得珍惜平凡，人生任何一天都是圓滿

也許你現在正在經歷一段沒有高潮、沒有掌聲、沒有突破的時光——別擔心，這不代表你停滯了，而是你正在「深根」。

就像一棵樹，在表面看似不動時，其實正在地下延展根

系；就像一條溪流，在未見浪花時，也默默流經一座座山谷。

當你願意在平凡中感恩、在重複中練習、在靜默中照見自己，你會發現：生命從來沒有無聊過，只是我們忘了如何凝視它。

願你從此不再等下一個大事才感覺值得，不再把平凡視為「過渡」，而是將每一天活成一場細緻的修行。

願你知足於日常，也有能力在日常中創造美好；願你在每一口呼吸中，看見「無罣礙」的智慧，真正活出屬於自己的涅槃時刻。

第七章
正念與心理健康

《心經》引文：「無無明，亦無無明盡，乃至無老死，亦無老死盡。」

解說：唯有透過正念照見煩惱根源（無明），才能解開心靈束縛，恢復真正的心理健康與清明。

第一節
活在當下：正念冥想的心理運用

照見五蘊皆空，度一切苦厄。

1. 活在當下，並不是什麼都不想，而是不再逃避

現代人常說「要活在當下」，但這句話經常被誤解為「隨遇而安」、「不要規劃」、「讓一切隨便」。事實上，活在當下的本質，不是放棄思考未來或否認過去，而是學會在每一個當下，回到自己身心正在經歷的狀態，不逃避、不壓抑，也不評價。

《心經》中說「照見五蘊皆空，度一切苦厄」，就是這樣的

修行：透過正念的覺察，讓你看清楚「色受想行識」這些組成人生經驗的元素，其實都是暫時的、會變的，不必執著。

心理學中稱這種狀態為「去中心化覺察」（decentering awareness），你不再把每個念頭、每個情緒都當成自己，而是觀察它們來來去去，像看雲一樣輕輕地經過心空。

2. 正念冥想的原理：從大腦科學看見當下的力量

近年來，正念冥想已從東方修行走進西方醫學與心理治療。1979 年，美國麻省醫學院教授喬恩．卡巴金（Jon Kabat-Zinn）將正念系統化為「正念減壓療法」（MBSR），幫助慢性病患者減緩壓力與疼痛。後來延伸為「正念認知療法」（MBCT），成為憂鬱症與焦慮症治療的重要模式。

神經心理學研究發現，長期練習正念冥想者的大腦結構會發生變化：

- 前額葉皮質（負責理性與情緒調節）變厚，代表覺察與自我控制力提升；
- 杏仁核（掌管恐懼與情緒反應）活性下降，表示情緒波動減弱；

- 預設模式網路（預設性胡思亂想）活動下降，表示專注力提升。

這些生理變化對應的心理益處包括：

- 焦慮感下降；
- 情緒波動較少；
- 對壓力反應較溫和；
- 內在平靜感上升。

所以，正念冥想並不神祕，它是一種有科學證據支持的腦神經調節訓練，本質上就是：透過覺察呼吸、身體感覺與念頭流動，讓大腦從自動駕駛模式，轉為主動覺醒。

3. 正念練習的基本步驟：從呼吸中找回自己

如果你是初學者，以下是一套簡單可行的正念冥想入門練習，建議每天花 5 ～ 10 分鐘進行：

第一步：找一個安靜、無打擾的空間，輕輕閉上眼睛

你可以坐著、躺著、盤腿，不用講究姿勢，只要舒服、但不慵懶即可。

第二步：將注意力放在自己的呼吸上

你無需改變呼吸，只需觀察。吸氣時覺知空氣進入，吐氣時覺知空氣離開。你可以心中默念「吸」、「吐」來幫助專注。

第三步：觀察念頭與感覺，而不是抗拒它們

練習中，思緒一定會飄走（這是正常的），當你發現時，不要責怪自己，只需溫柔地把注意力拉回呼吸即可。

第四步：回到身體感覺

除了呼吸，也可以將注意力移到腳底、腹部、手指……一個部位一個部位地掃描，覺知身體的存在感。

第五步：結束前給自己一句祝福

在冥想結束時，你可以心中說：「謝謝自己陪伴自己」，或「願我在今天的每個時刻都活在覺察中」。

這套練習不是為了放鬆（雖然它可能會讓你放鬆），而是為了建立與當下連結的能力。

4. 正念不只發生在打坐時，更存在每個日常片刻

真正的正念生活，不是在冥想墊上完成，而是在你每一天的生活中發生。你可以在以下時刻練習正念：

- 吃飯時：專心咀嚼每一口，感受味道、溫度、質地，不看手機；
- 走路時：感覺腳步的接觸與節奏，不急著抵達；
- 講話時：注意自己說話的語氣、節奏，也聆聽對方的語調與情緒；
- 情緒來時：不立刻反應，先說「我現在有這個情緒」，然後觀察它的變化。

這些片刻，都在訓練你從「自動反應」變為「有意識的回應」。你仍然是你，但你會更穩、更清楚、更溫柔。

這就是《心經》所說的「度一切苦厄」的真意——不是人生沒有苦厄，而是你學會如何面對它們，不再讓它們吞沒你。

5. 正念讓你從「活著」走向「活著的感覺」

很多人說：「我明明每天都在努力生活，為什麼還是覺得空虛？」這其實是一種「心理缺席感」（psychological absenteeism）—— 你身體在當下，心卻不知在哪裡。

你可能在洗澡時想著工作，在開會時回想吵架，在看劇時又焦慮明天的報告。這些都讓你處在一種「行為發生了，但生命沒有流動」的狀態。

正念最大的禮物，就是把你的心帶回你的身體所在之處。當你能一口飯一口飯地吃、一次對話一次對話地說、一步腳步一步腳步地走，你會發現：

- 世界沒有你想像中那麼焦躁；
- 你也沒那麼脆弱；
- 生活本身，其實就已經很豐富。

願你從此不再只是「過日子」，而是真正「活在日子裡」；願你不再以焦慮計算未來，而是以覺察擁抱此刻。

第二節
心理潔淨：戒除不良心理習慣

色即是空，空即是色；受想行識，亦復如是。

1. 你的焦慮，可能是某種「不良心理習慣」的結果

許多人在焦慮、拖延、內耗的情境裡卡關時，會以為自己「個性太敏感」、「意志力太弱」，但其實，大多數困住我們的心智模式，根源並不是性格，而是無意識中形成的心理習慣。

心理學家溫蒂．伍德（Wendy Wood）的研究指出，人類每天有超過40％的行為是在「習慣模式」下完成，也就是說，我們的「想法－情緒－反應」三者之間，存在著強烈的自動連結。

舉例來說：

- 一遇到批評就內心崩潰，其實是一種「自我價值與他人評價綁定」的心理習慣；
- 老是重複擔憂最壞情境，是「過度預測焦慮」的心理循環；

- 習慣否定自己、責備自己，可能來自童年所習得的「內化批判語言」。

這些反射性的心理反應，長久累積後，就變成心靈的雜質，像灰塵一樣附著在我們的自我知覺上，使我們在未經意識的情況下，一再用不健康的方式回應生活。

而《心經》說「受想行識，亦復如是」，正好提醒我們：即使是我們的思考與感受，也不是我們的「本質」，它們是可以被覺察、被淨化、被改寫的。

2. 心理習慣的形成，是怎麼一回事？

哈佛心理學家史金納（B. F. Skinner）的行為理論指出，習慣的形成通常經歷三個階段：觸發－慣性反應－心理報酬。這與心理潔淨密切相關。

以「過度焦慮」為例：

- 觸發：收到主管的簡訊
- 慣性反應：馬上預設主管不滿或要責備我
- 心理報酬：感覺自己先緊張一點，就能「掌握局勢」、降低風險久而久之，你的大腦將會把這樣的反應「自動化」，也就是說，即使主管只是問你今天要不要訂午餐，你也會第一時間湧上壓力與罪惡感。

這就是「不良心理習慣」的本質：讓你反應過度、無法區辨現實與想像、並且累積大量不必要的心理疲憊。

心理潔淨的目的，不是壓抑這些習慣，而是從「察覺」開始，用更健康的回應模式來取代過去的慣性。

3. 清理的第一步：辨識你的心智污染源

要有效清除不良心理習慣，第一步就是建立自我觀察日誌。這是一種結合 CBT（認知行為治療）與正念訓練的方法，具體步驟如下：

- 記錄觸發情境：當你情緒升起時，寫下是什麼事件引發反應（例如：有人拒絕我、事情沒按照計畫進行）。
- 寫下當下信念：觀察你內在立刻出現的念頭（例如：他不理我，是我不夠好）。
- 感受身體反應：體會當下身體的變化（例如：心跳加速、肩膀緊繃）。
- 覺察情緒與行動：情緒（例如：羞愧、生氣）是否導致了某些自動反應（例如：逃避、發怒、沉默）。

這種記錄的目的，不是批判自己，而是讓「自動駕駛」的情緒與反應被看見。一旦你能夠說出它的模式，它就不再無形控制你。

4. 用「替代式心理建構」取代內耗迴路

心理潔淨不只是「清除」，更要有「替代」。我們要透過新的心理語言與反應機制來取代原有的負向模式。以下是三種常見的不良心理習慣及替代語言建議：

不良心理習慣	轉換為心理潔淨語言
我很沒用，怎麼又搞砸了？	我目前做得不理想，但我有機會調整和學習。
一定會出錯，我感覺不妙。	我現在的焦慮是一種信號，但它不代表未來必然發生。
他們都在討厭我，我沒人喜歡。	我感到孤單，但這是情緒，不是事實的全部。

這些替代語言，不是為了「自我安慰」，而是為了阻止負向自我對話形成循環，並給予自己新的內在應對框架。

替代式建構，若每天練習、寫下與朗誦，能有效在大腦中重新鋪設神經通道，進一步取代原本的自動負向思維。

5. 心理潔淨的最終目的：讓你重新認識自己

許多人會問：「我真的能戒掉這些內在壞習慣嗎？它們都跟了我十幾年了。」

答案是：可以，但要從認識你不是那些習慣開始。

你不是你的焦慮，也不是你的懷疑。你不是你的逃避，也不是你的批判聲音。這些都只是大腦過去為了保護你而建構出的模式。但現在的你，有能力選擇新方法、新語言、新反應。

心理潔淨的過程，不只是「變得更正面」，而是讓你從雜亂的內心對話中，找回真實、安定、有選擇權的自己。

《心經》中的「空」不是虛無，而是代表：當你看見一切只是過程，你就能開始活出自由。

願你從今天起，不再讓內在舊習慣主導你的人生；願你每天清掃心靈，讓思緒如水，感受如風，內在如初。

第三節
心靈免疫力：多行善、不作惡的心態

無罣礙故，無有恐怖，遠離顛倒夢想，究竟涅槃。

1. 行善不是為了成為好人，而是為了自我整合

「多行善，不作惡」常被視為宗教戒律或道德準則，但從心理學角度來看，它其實是建立「心靈免疫系統」的有效方式之一。

所謂「心靈免疫系統」(psychological immune system)，是指我們面對情緒衝擊、社會壓力或內在混亂時，仍能維持心理穩定與整合感的能力。這套系統並非天生具備，而是透過價值實踐、情緒自我調節與意義建構不斷強化出來的。

而「善行」本身，就是一種心理建構的過程。它不僅讓你感覺自己「在做對的事」，更會刺激大腦中掌管正向情緒的獎賞迴路，如伏隔核(nucleus accumbens)與前額葉皮質，釋放催產素與多巴胺，使人產生「我活著是有價值的」真實感。

也就是說，行善不是為了改變世界，而是先穩定你自

己。這就像《心經》所說的「無罣礙故，無有恐怖」，當內在沒有了罪咎與混亂的對抗，心就能自在、平穩，不再畏懼。

2. 戒惡的心理功能：切斷內在消耗的來源

你是否經歷過這樣的狀態：

- 說了一句傷人的話，事後懊悔不已；
- 做了一件違背良知的決定，儘管沒人發現，內心卻總有負擔；
- 為了眼前利益壓抑了真實感，長期下來覺得「自己不像自己」。

當一個人的行為與內在價值發生衝突時，會產生一種被稱為「價值不一致壓力（value incongruence stress）」的心理現象。這種不一致如果長期未被處理，會引發持續性的焦慮、情緒倦怠與內在疏離，讓人感覺「自己不像自己」。這類情況在心理學中可視為認知失調與道德疲憊的交織反應，正是許多現代人內耗的根源之一。

而「不作惡」的核心，其實不是因為怕被懲罰，而是主動避免讓自己的心與行為產生撕裂。這種撕裂若未被覺察與調整，會逐漸侵蝕一個人的自尊、自我效能與存在感。

所以，戒惡不是「壓抑欲望」，而是保護內在秩序，維持心理一體感與穩定性。如同《心經》所說的「遠離顛倒夢想」—— 少做那些讓你日後懊悔的選擇，你自然會過得清明安穩。

3. 日常生活中的「微善行」，正是免疫系統的基礎劑量

行善不需要捐千萬、助萬人，它其實存在於生活中最平凡的選擇裡。正向心理學家松雅．隆博米爾斯基（Sonja Lyubomirsky）研究發現：每週進行五次小型善行（如鼓勵他人、主動幫忙、傾聽陪伴），即可顯著提升個體的幸福感與抗壓性。

以下是一些具體可實行的微善行：

- 主動感謝今天幫助你的人，哪怕只是一句話；
- 在群組中鼓勵一位表現不佳的同事；
- 面對家人情緒時，先不反駁、而是聽懂他的需求；
- 對自己心中冒出的惡意念頭，提醒：「我可以選擇不跟它走。」

這些行為不會讓你成為英雄，但會讓你日復一日，建立一種「我可以選擇善、我有控制感」的內在基礎，這正是心理免疫力的核心來源。

4. 不作惡，也包含不對自己作惡

多數人在談「不作惡」時，想到的是對外在世界保持善意與節制。但事實上，許多人最常犯的惡，正是對自己的殘忍。

這些對自己作惡的行為包括：

- 長期自我否定，總覺得自己不夠好；
- 把所有失敗都歸咎於自己，陷入自責與羞愧；
- 習慣性貶低自己的努力，只看到不完美；
- 強迫自己討好所有人，卻忘記了自我照顧。

這些行為從外在看來「無害」，但長期下來對心理健康的侵蝕比外在壓力還劇烈。正念療法（MBCT）與慈悲冥想訓練（compassion meditation）都強調：對自己的善意，是心理修復的第一步。

因此，《心經》所說的「究竟涅槃」，其實不是離開世界，而是從傷害自己的循環中解脫出來，開始溫柔地面對自己。

5. 真正的善，不是表現出來，而是活出來

善不是裝出來的態度，而是一種長期內化的選擇機制。當你不再為了他人看法而行善、不再為了業績或回報而做好事，而是因為「這樣的選擇，讓我成為我想成為的人」，你就真正活在自己的價值裡。

存在心理學家維克多．法蘭克（Viktor Frankl）曾說：「人在追尋生命意義的過程中，會自然強壯起來。」而善行與戒惡，正是你在不確定的世界裡，為自己建構意義的方式。

願你從今日起，不再只是期待世界對你善，而是選擇成為那個溫柔強大、為自己與他人都保留一片寧靜心土的人。

第四節　心理健康的情緒管理術

無罣礙故，無有恐怖，遠離顛倒夢想，究竟涅槃。

1. 情緒不是問題，是訊號

多數人一提到「情緒管理」，腦中浮現的就是「壓抑、冷靜、不要有情緒」。但實際上，心理學研究早已證明：情緒

不是問題本身，而是對問題的反應，它是內在世界的訊號系統。

舉例來說：

- 憤怒提醒你界線被侵犯；
- 焦慮提示你有未解決的不確定；
- 悲傷來自對失落的深刻感受；
- 羞愧源於自我價值的撼動。

《心經》提到「無罣礙故，無有恐怖」，其實就是在說：當你不再執著情緒是「該有」或「不該有」，而是純粹觀察它們、理解它們，你才會發現，情緒根本不會傷害你，真正造成苦的，是你對情緒的抗拒與扭曲。

情緒是能量，它來了會走，不需要壓下，也不需要放任，只要你知道：我是能和它共處的人。

2. 情緒調節力，是一種後天可學的心理技能

心理學家詹姆斯．格羅斯（James Gross）將情緒調節分成幾個層次：

- 情緒覺察（awareness）：你能意識到自己此刻的情緒是什麼；

- 情緒標記（labeling）：能為自己的情緒命名，而非只說「我不好」；
- 情緒容納（acceptance）：即使是難受的情緒，也能允許它存在一會兒；
- 情緒調整（reframing）：用不同角度看待事件，降低情緒強度；
- 情緒轉化（action）：選擇健康回應而非被情緒牽著走。

這些能力合起來，就叫做「情緒智力」（emotional intelligence, EQ）。這不是「會不會發脾氣」的問題，而是你是否能在情緒發生後，仍然做出對自己與他人有益的反應。

一個情緒健康的人，並非情緒少，而是能理解情緒、與之共處、最終用行動整合它。

3. 用正念回到當下，切斷情緒爆炸的引信

當情緒升高時，大腦中的杏仁核會快速啟動「戰逃反應」，讓你不是逃走、就是爆發。這是一種生理演化的保護機制，但在日常人際關係中卻經常造成傷害。

正念訓練就是一種切斷自動反應的「緩衝區」。以下是幾個實用的正念情緒調節技巧：

- 三次呼吸法：當情緒湧現時，先深呼吸三次。第一口覺察身體反應、第二口辨認情緒、第三口決定行動方式。
- 情緒命名練習：心中說出：「我現在感到……」，例如「我現在感到挫敗、焦躁、無力」。這個過程會啟動大腦前額葉的語言區，有助於平衡杏仁核的情緒暴衝反應。
- 觀察－不評價：將注意力放在當下的感覺，不急著貼上「對／錯」、「我太敏感了」這類評價，只是如實感覺：「現在胸口緊、呼吸快、腦中混亂。」

這些看似簡單的動作，其實是在訓練你的大腦從「被動反應」轉為「主動選擇」。一次兩次可能沒感覺，但長期練習後，你會發現你不再那麼容易被情緒帶著走了。

4. 情緒背後的未被說出口的需求，才是真正需要關照的重點

「我生氣是因為他不尊重我！」這句話其實只是情緒表層的解釋，真正值得我們深究的是：我心裡在乎的，是什麼需求沒有被回應？

在非暴力溝通理論（NVC）中，強調情緒源自四個構成元素：

- 觀察到的事實（不是評價）；
- 產生的情緒；
- 情緒下的需求；
- 可行的請求或行動。

以剛剛那句話為例：

- 觀察：對方回應我時打斷我說話；
- 情緒：我感到失望與受傷；
- 需求：我希望被平等地聆聽與尊重；
- 請求：我希望他下次說話時能等我說完。

當你練習這樣的結構化覺察，你會驚訝於情緒原來可以這麼清楚、柔軟、具體，而且一點也不脆弱，反而非常有力量。

情緒，是通往自我需求與價值觀的通道，你若不繞過它，反而能通往內在更深層的整合。

5. 心理健康，不是「永遠穩定」，而是「可以自己回來」

在情緒管理的最後一哩路，我們要理解一件事：沒有一個人能做到不崩潰、不失控、不低潮。

情緒健康的定義，不是你多麼從容不迫，而是你在失衡之後，有能力自己回來，且願意好好陪伴自己。

這個「回來」的過程，就是《心經》所說的「無罣礙故，無有恐怖」的實踐。你不怕自己的情緒，因為你知道自己不會被它吞噬。你知道自己有工具、有意識、有耐心，能夠走過。

願你不再害怕情緒，而是開始和它成為朋友；願你在每一次情緒來臨時，不再恐懼自己崩壞，而是相信自己會陪著自己一起慢慢站起來。

第五節
讓情緒波動轉化為內在力量

照見五蘊皆空，度一切苦厄。

1. 情緒不是要被「解決」，而是要被「使用」

我們多數人面對強烈情緒時的第一反應，是逃避或壓抑：「我不要想了。」

「我不應該這麼生氣。」

「這種情緒太累，趕快冷靜下來吧。」

但這些方式只是暫時按下情緒的「暫停鍵」，卻沒有真正處理情緒本身。

《心經》說「照見五蘊皆空，度一切苦厄」，意思是：當我們用智慧去看見自己的情緒本質，其實它們都是可以穿越的，不需要掙扎、不需抗拒。

心理學家大衛．霍金斯（David Hawkins）提出：「情緒是能量」，而每一種情緒都有其震動頻率與心理力量。例如：憤怒雖然尖銳，但若導向正義感，會成為保護自己與他人的力量；悲傷雖然沉重，卻能帶來深層的感受力與同理心。

關鍵不是情緒的強度，而是你如何「使用它」。

2. 將情緒視為「心理燃料」，而非心理負擔

現代情緒神經科學證實：情緒的能量如果不被釋放或轉化，會在身體留下痕跡，產生慢性疼痛、焦慮症狀或壓力性疾病。

情緒不是「消極存在」，它是潛在的動力來源，就像電池一樣，可以放電，也能轉電。

要將情緒轉化為內在力量，我們需要四個步驟：

(1) 命名

承認:「我正在生氣」、「我感到羞愧」、「我有點悲傷」——這一步是把無形能量具象化。

(2) 定位

情緒在哪裡？胸口悶、胃緊縮、手發熱？——這是情緒與身體的連結。

(3) 接納

說：「我允許這個情緒在這裡」——不用改變它，也不急著讓它消失。

(4) 導向行動

問：「我可以把這股能量，轉為什麼有意義的行動？」

例如：轉化悲傷為創作，轉化挫折為修正方向，轉化怒氣為劃清界線的勇氣。

這些步驟讓你從被情緒「綁架」，變成用情緒「驅動」自我。

3. 負面情緒，是你成長最誠實的推力

創傷後成長（post-traumatic growth, PTG）研究指出：經歷重大負面情緒事件的人，若能經歷深層反思與轉化，反而會在以下五個面向出現提升：

- 更強的自我理解與自信；
- 更深的生活意義感；
- 更健康的人際連結；
- 更高的感恩與滿足感；
- 更清晰的人生價值觀。

這意味著：情緒的動盪，不代表你脆弱，而是你正在被推向一個更深刻的自我探索方向。

就像種子要破殼，會先經歷暗黑潮濕的階段；情緒的混亂也常常是成長的前奏。

《心經》說「度一切苦厄」，不是從苦厄中逃出來，而是從苦厄中找到力量。

4. 情緒轉化技術：讓你與情緒重新站在同一邊

以下是幾種實用且經研究支持的情緒轉化技巧：

情緒釋放技術（EFT）

結合東方經絡理論與西方認知技術，透過在特定穴位敲擊時說出情緒語句（例如：「雖然我現在很自責，我仍然願意愛我自己」），有助於釋放壓抑情緒、緩解焦慮。

情緒書寫（expressive writing）

每天花 10 ～ 20 分鐘寫下情緒來源與感受，並練習從第三人稱視角描述，有助於減少情緒占據感，建立心理距離與整合感。

價值導向行動（valued-based action）

問自己：「即使我現在不舒服，我仍可以做什麼符合我價值的選擇？」這能將情緒導回有方向、有結構的行動，避免陷入無效反應。

這些方法，不是為了「控制」情緒，而是讓你與它重新連結，像搭擋一樣走向內在更完整的自己。

5. 真正的力量，是你能從情緒深海浮出，帶著寶藏

很多人以為情緒轉化是「變得更正面」，其實不然。

真正的轉化，是你去過黑暗，但沒讓黑暗吞噬你；你擁抱過痛苦，卻沒讓它變成你的宿命。

你還是會哭、會怒、會不安，但你知道：

- 我可以與這些感受共處；
- 它們不會永遠；

- 它們會教我東西；
- 它們會過去，我會留下。

這樣的心理狀態，就是內在力量。

願你從今以後，不再視情緒為障礙，而是視為來自內在的深層呼喚；願你每一次與自己情緒共舞後，都能更靠近那個真實、堅定而溫柔的自己。

第六節 平常心的心理學與實踐技巧

心無罣礙，故無有恐怖，遠離顛倒夢想，究竟涅槃。

1. 平常心不是平凡，而是高度的心理成熟狀態

我們常誤解「平常心」是種無欲無求、無喜無悲的麻木狀態，彷彿是一種冷靜到毫無波動的存在。但實際上，真正的平常心，是一種能在喜怒哀樂中保持穩定感、選擇性地回應世界的能力。

在《心經》中提到「心無罣礙」，意思是內在沒有被束縛的焦慮與執著，才能達到「無有恐怖」的穩定心態。這並非情緒平板，而是即使在激烈變動中，也能保有自我中心與清明。

心理學中將這種狀態稱為「高覺察－低反應模式」（high awareness, low reactivity），這樣的人：

- 能夠情緒波動，但不被情緒控制；
- 能面對挫折，但不急著歸咎他人或自我；
- 能持續行動，即使內心未必感到完全有信心。

這就是成熟的「平常心」—— 一種真正見過風浪之後，仍然願意溫柔生活的力量。

2. 腦神經可塑性告訴我們：平常心是可以被訓練的

過去我們以為個性與情緒反應是天生的，但現代神經心理學證實，大腦具有高度可塑性（neuroplasticity），意思是你怎麼想、怎麼選擇、怎麼回應，會逐漸重塑你處理世界的方式與神經路徑。

當你反覆練習：

- 在事件發生時先暫停 3 秒；

- 在情緒出現時不急著下結論；
- 在困難來時選擇最小但有效的行動；

這些「平常心反應模式」就會內化為你思考與感受的預設程式。

久而久之，你不再需要努力才能冷靜，而是冷靜與穩定會自然成為你的本能反射。

如同正念治療的創始者喬恩·卡巴金所說：「你不是在控制思緒，而是在與思緒建立不同的關係。」

3. 平常心的三個核心構成：接受、彈性與意義感

若將平常心拆解為心理學結構，可以發現它包含三個核心心理能力：

接受力（acceptance）

你不再與現實對抗，而是承認當下的限制與可能。不是消極，而是理解控制的邊界。

彈性（flexibility）

你願意在不同情境中調整自己的反應方式，而非僵化地執著於「我一向都是這樣」。

意義感（sense of meaning）

即使處於平淡或逆境，你仍能感受到自己選擇的價值與方向，而非陷入「這一切有什麼意義？」的空虛感。

這三種心理特質交織在一起，就能支持你走在每一個平凡又不容易的日子裡，養出一種內在的心理免疫力。

4. 日常培養平常心的五個實踐練習

(1) 早晨「定錨問句」

每天起床後問自己一句話：「今天我想如何面對這個世界？」這會幫助你從一開始就設定心態，而非被動應對。

(2) 三秒鐘暫停訓練

在情緒升起、對話升溫或衝動行動之前，練習深呼吸三秒，給自己多一點空間選擇反應。

(3) 寫下「不值得生氣」清單

每天記錄一件原本會讓你爆炸，但你選擇冷靜處理的小事，提醒自己：你有能力選擇不被帶走。

(4) 練習說「現在就好」

當陷入對未來焦慮或對過去懊悔時，輕聲對自己說：「現在就好，這一刻我還活著，我可以決定接下來要怎麼過。」

(5) 結束一天的「平常心問候」

睡前默念：「今天過得很普通，但我做到了。」這句話會讓你重新賦予日常生活意義與肯定。

這些練習不花時間，卻能在日積月累中，讓你從焦躁與過度思考中抽身，進入一種穩定而寬廣的狀態。

5. 平常心的終點：在無常中找到恆常，在不穩中找到穩定

生命的本質是不穩定的，正如《心經》中所說「遠離顛倒夢想，究竟涅槃」，要從煩惱中走出來，關鍵不是「世界變好了」，而是你與這個世界的關係變了。

當你能夠在混亂中找回一點節奏，在變動中保持覺察，在失去中仍能珍惜所擁有，那就是你培養出來的平常心正在發揮作用。

真正的平常心，是這樣一種狀態：

- 遇到好事，不浮躁；
- 遇到壞事，不慌張；
- 每天都不特別，但每天都值得。

願你不再追求「特別」來證明自己，而是透過平凡活出深刻；願你知道，內在那股不疾不徐、不慌不亂的力量，就是你最真實的自己。

第八章
自覺與主動改變

《心經》引文：「無苦集滅道，無智亦無得。」

解說：不再追逐外求的獲得，而是從自覺與行動中轉化自我，這正是主動改變的根本力量。

第一節　主動改錯的心理素質

受想行識，亦復如是。

1. 不改錯，才是人生真正的卡關點

我們成長過程中，往往被教育要「不犯錯」，但現實人生裡，我們卻無法不犯錯 —— 錯誤，是每一個正在經歷與學習的證明。

問題不在於你有沒有做錯，而在於你能不能承認、理解、並修正它。

《心經》說「受想行識，亦復如是」，提醒我們：我們的感受、想法、行動與認知，不是恆常不變的，而是可以修正、可以淨化、可以重新設定的。

心理學家卡蘿．杜維克（Carol Dweck）在成長型心態理論中指出，個體若相信「能力是可以透過努力與學習增長

的」，就會傾向更主動修正錯誤，反而能創造更高成就與心理彈性。

反之，若一個人把錯誤等同於「我不好」、「我很糟」，那麼他就會傾向掩蓋、逃避、甚至責怪別人。這會讓錯誤累積成心理壓力與關係斷裂的來源。

主動改錯，不是為了讓自己看起來謙虛，而是為了讓自己更自由、更穩定地成長下去。

2. 認錯背後的三重心理障礙：羞愧、自我形象與恐懼失控

你是否有過明知道自己錯了，卻還是嘴硬撐住的經驗？這不是因為你不理性，而是因為「認錯」這個動作，會引發三種強烈的心理反應：

羞愧（shame）

羞愧是一種自我價值崩塌的感覺，不只是「我做錯了」，而是「我不值得被喜愛」。很多人為了避免面對羞愧感，寧可否認錯誤。

自我威脅（ego threat）

我們都有一個理想中的自我形象，一旦錯誤與這形象衝突，我們就會本能地抗拒承認，以維持「我是一個聰明／有責任感／懂事的人」的假象。

控制感失衡（loss of control）

承認錯誤可能意味著交出主導權，或要面對外界評價與未知後果。這讓很多人感到失控，選擇「先拖著不說」。

這三種心理障礙是造成「寧可死撐，也不改錯」的根本原因。

而心理健康的關鍵，不是你沒有這些反應，而是你願意在反應出現時，溫柔覺察，然後選擇更高成熟度的行動。

3. 主動改錯的三個心理肌肉：自我覺察、責任感與行動意圖

要建立主動改錯的能力，就像鍛鍊肌肉一樣，關鍵在於練習三種心理力量：

自我覺察（awareness）

能在錯誤發生時，不帶批判地看見：「我剛剛的反應可能傷到人了」、「我這次的決策忽略了一些細節」。

正念訓練中提到的「非評價覺察」，能幫助我們從自責中抽身，轉而真正看見事實。

責任感（responsibility）

這不是為了一味扛下責任，而是勇敢說出：「這部分我沒有處理好，我願意改善」。

這樣的語言不會削弱你，反而會讓他人更信任你，自己也更踏實。

行動意圖（intent to improve）

認錯之後最重要的是：「我想做什麼不同的事情？」

哪怕只是一通道歉電話、一段文字說明、一次流程修正，都代表你在行動中重建信任。

主動改錯，不是情緒性的低頭，而是意識性的回到主導。

4. 改錯不是丟臉，是重拾內在秩序的過程

很多人不願意認錯，是因為「怕丟臉」。但從心理結構來看，改錯真正帶來的是「秩序感」與「自我效能感」。

當你說出錯誤、釐清事實、提出修正，你其實是在對自己說：

- 我願意面對真相；
- 我有能力處理混亂；
- 我不需要完美，才值得被接納。

這樣的內在秩序感，會轉化為更高的心理安全感與行動力。

你不再靠「裝沒事」維持自我價值，而是靠「處理事情」建立真實信心。

如同《心經》所說「受想行識，亦復如是」，即使錯了，也能轉化、修正、前進。因為我們本來就不完美，但我們永遠有選擇成長的自由。

5. 願你成為那個願意主動修正的人，也成為世界值得信任的一份子

真正成熟的人，不是從不犯錯的人，而是知道自己會犯錯，並有勇氣修正的人。

他們的身上，會讓人感受到一種難得的穩定感與真誠感。因為他們不會推卸、不會閃躲、不會偽裝——他們只是願意好好地，面對自己、面對世界。

願你在每一次發現錯誤時，都能少一點自責、多一點修正；

願你在每一次主動承認時，都能感受到一點釋懷與力量。

因為那不只是一次修補，那是你靈魂更新的起點。

第二節
心理突破：主動迎接變化

遠離顛倒夢想，究竟涅槃。

1. 你不是害怕改變，而是害怕失控

多數人以為自己抗拒的是「改變」，但其實，我們真正恐懼的，是改變過程中「失去可預測性」所引發的失控感與不安全感。

在心理學中，這種渴望確定與掌控的傾向，被稱為「認知閉合需求（need for cognitive closure）」。人類天生傾向尋求清晰結論與秩序感，而改變，正好動搖了這一切，挑戰我們對現狀的熟悉與安全感。

當我們面臨變化（搬家、轉職、分手、人生選擇）時，大腦會自動進入防衛機制：

- 高估現況的舒適（認知偏誤中的現狀偏好）；
- 誇大未知的風險（災難化思維）；
- 縮小自己應對的能力（自我效能感下降）。

這些心理反應讓你覺得：「我不是不想變，只是現在不是時候」，然後一拖就是五年。

但如《心經》所說：「遠離顛倒夢想」，我們需要從腦中虛構出來的「風險劇本」中抽離，才有可能突破。

2. 變化其實有階段，只要看清節奏就不再慌亂

心理學家詹姆斯．O．普羅查斯卡（James O. Prochaska）提出的「變化階段模型」（transtheoretical model, TTM）指出，人類面對行為改變時，會歷經以下六個階段：

- 前沉思期（Precontemplation）：沒想改變，甚至否認問題存在。
- 沉思期（Contemplation）：意識到需要改變，但尚未行動。
- 準備期（Preparation）：開始尋求資源與制定計畫。
- 行動期（Action）：正式實踐改變。
- 維持期（Maintenance）：穩定新習慣，防止舊行為回歸。
- 終止期（Termination）：改變完全內化，無需努力維持。

這個模型告訴我們：你不需要一步到位改變人生，你只需要在當下的階段中做對的事。

如果你還在掙扎要不要轉職，那就先允許自己多觀察；

如果你已經準備好了，那就開始寫履歷、聯絡人脈、設定日期。

改變不是靠衝動，而是靠覺察與節奏感。

3. 打破「我改不了」的三個心理盲點

我們之所以難以邁出改變的第一步，常被以下三個盲點困住：

盲點一：我這輩子就這樣了

這是一種習得性無助（learned helplessness），你太常失敗以至於相信「自己改變不了」。但神經可塑性告訴我們：只要有新的行為與回饋，大腦就會建立新的神經迴路。

盲點二：改變一定要有勇氣

其實不是。多數改變的起點，是來自「夠痛了」或「累了」，然後你選擇試試看別的方式。所以，不需要等勇氣降臨，你只要願意微調，就已經開始了。

盲點三：改變一定要大破大立

其實，每一次成功的轉變，都是從「改一點點但持續做」開始的。例如每天寫三句日記、每天說一句感謝、每週學一小段新技能 —— 這些看似微小的行動，會逐步重建你的心理自信。

別等「時機對了」再出發，因為變化的機會，永遠是被「開始」這件事創造出來的。

4. 主動改變的人，都練習過這三個心理動作

你會發現，真正能「主動迎接變化」的人，並不是特別果斷或有膽識，而是他們學會了以下三個內在動作：

動作一：替情緒取名字，而不是讓它主導自己

「我現在不是恐懼，我是害怕做錯決定。」

「我不是沒能力，我是沒做過。」

這種語言的覺察，是內在力量的開關。

動作二：在變化前先畫「心理地圖」

他們會先問自己：「這個變化我最怕的是什麼？可以怎麼預防？怎麼緩衝？」這讓大腦安心，也讓行動變得更可行。

動作三：不急著成功，而是專注於「一點進步」

他們不會給自己巨大目標，而是說：「今天只要做到這一小步就好」。這種行為科學稱為「微行動策略」（micro-behaviors），能有效降低心理抗拒。

你不需要一天內翻轉人生，你只需要一天內勇敢一次，然後明天再勇敢一次。

5. 你對改變有多敞開，就有多自由

變化不是為了讓你變得更好看、更厲害、更符合別人期待，而是讓你活得更靠近內在的自己、更自由、更真實。

我們都會遇到生活的轉彎口，而是否能「心理突破」，關鍵不在於環境多友善，而在於你願不願意停下來問自己一句話：

「我現在的生活，是我想要的嗎？」

如果不是 —— 我可以從哪裡開始做一點點不一樣？

願你相信改變不是暴風雨，而是一場內在的更新；願你願意穿越恐懼、不確定與混亂，把每一個心理的卡關點，活成突破點。

第三節
心念控制與自我引導技巧

照見五蘊皆空，度一切苦厄。

1. 心念失控，是人生痛苦的根源之一

《心經》中所說的「五蘊」之一即是「想」，指的是我們的念頭與認知活動。當我們「照見五蘊皆空」，不只是要洞察外在現象的虛幻，更是在提醒：你並不是你的念頭，你只是「正在擁有這些念頭」的那個覺知者。

許多人的焦慮、憂鬱與自我否定，根源都不是現實中的事件，而是對事件的過度解讀與負向詮釋。

舉例來說：

- 對方沒回訊息→他是不是不喜歡我了→我是不是太黏人→我果然沒人愛。
- 今天會議講不好→老闆不滿意→我升遷沒希望→我是不是沒能力？

這些思緒不斷堆疊、扭曲，變成了自我攻擊的劇場。

而「心念控制」的核心，不是壓制這些念頭，而是跳出來看它、辨識它、重建它。

2. 後設認知：掌握「想法背後的想法」

心念控制的第一步，是培養一種叫做「後設認知」的能力，也就是你能覺察自己正在思考什麼，並選擇要不要被它帶走。

這就像在腦海中按下「暫停鍵」，問自己：

- 現在腦中這個想法，從哪裡來？
- 它是事實，還是只是猜測？
- 它有幫助我嗎？
- 如果我相信這個想法，我會往哪裡走？

這種覺察並不代表要馬上找到答案，而是先讓你跳脫慣性反應，創造選擇的空間。

你會發現，大多數讓你痛苦的念頭，都不是事實，而是你過去習慣用來保護自己的推測、預判或劇本。

而當你開始懷疑這些劇本，你就重新掌握了人生導演的位置。

3. 自我對話的力量：你的大腦，會聽你怎麼說話

我們每天對自己說話的次數，比外界對我們說話的次數多上千倍。而這些「內在對話」的語氣、內容與方向，會深刻影響我們的情緒狀態與行為模式。

試想以下兩種內在語言：

「我怎麼這麼笨，這麼簡單也搞砸。」
vs.
「我這次失誤了，但我知道自己能從中學習。」

研究顯示，自我語言的品質會影響大腦中壓力反應系統與決策中樞的活性化程度。負向語言會讓杏仁核過度活躍，使你更容易焦慮與退縮；而正向、建設性的語言則會提升前額葉功能，強化問題解決與冷靜分析能力。

建議練習以下三種自我對話模式：

- 事實性對話：「我現在感覺很焦躁，這可能是因為今天壓力太大。」
- 支持性對話：「雖然我不完美，但我有努力，我會再調整。」

- 行動導向對話：「接下來我可以先處理最緊急的那件事。」

這些語言不只是安慰，而是在你最脆弱時，成為你自己的支持者與引導者。

4. 認知重塑：轉換視角，創造新的解釋路徑

當我們在一個事件上卡住時，很可能是因為我們只套用了一種解釋方式。這就是認知行為治療（CBT）中強調的「自動化負向思考」。

例如：

- 同事沒打招呼→「他不喜歡我」→覺得自己被排擠→遠離他。

但若能進行「認知重塑」，你可以試著重新詮釋：

- 「他是不是剛好在煩惱什麼？」
- 「也許他今天狀況不好，並非針對我。」
- 「我可以主動關心他一次看看，釐清誤會。」

認知重塑並非自我催眠，而是建立多元詮釋框架，避免情緒反應綁架行動自由。

這也是《心經》中「照見」的功夫——不是眼睛看到，而是心的覺知穿透了執著的表象，看見更寬廣、更本質的可能性。

5. 建立自我引導系統，讓心念成為幫手不是主宰

心念若沒有被訓練，就像一匹野馬；但若能建立自我引導系統，它將成為你前進的馬車。

以下是日常可實行的「心念引導工具」：

(1) 晨間心語寫作（morning pages）

每天早上花 10 分鐘寫下腦中所有想法，不修飾、不刪減。這能清空雜念，讓潛意識浮現。

(2) 晚間心念回顧（evening review）

每天睡前寫下三件今天讓你分心或反覆思考的念頭，並問自己：「這些真的重要嗎？我能怎麼回應？」

(3) 設計一段每日對自己說的引導語

如「我知道有些事我無法掌控，但我可以決定怎麼面對。」每天默念三遍，逐步內化為思考模式。

這些練習，就是在訓練「我是念頭的主人，而不是念頭的奴隸」的心理習慣。

願你從今日起，不再把腦中的雜念視為自己全部的樣貌，而是學會溫柔且堅定地對自己說：

「謝謝你出現，現在，我來選擇我該怎麼想。」

第四節
放下心理包袱：輕裝上陣的智慧

心無罣礙，故無有恐怖。

1. 背太多情緒行李的人，走不遠

每個人身上都背著一些心理行李，有些是來自童年經驗，有些是人際挫折，有些則是未完成的自責、羞愧或失落感。

你可能對外表現出「我很好」，但內在其實總帶著：

- 「我不值得被愛」的信念；
- 「我不能犯錯，否則就不被接受」的壓力；
- 「我錯過了某些事，現在永遠追不回來」的遺憾；
- 「我被傷害過，所以我不能再輕易信任」的防衛。

這些想法與情緒就像背包裡越塞越滿的石頭，走得越遠，你越感疲憊。久而久之，甚至不再相信自己可以有不同的選擇。

《心經》說「心無罣礙，故無有恐怖」，意指真正的自由，是來自內心的減負與釋放。一顆不被過去綁住的心，才能真正面對未來。

2. 為何我們如此難以「放下」？

心理學指出，我們難以放下的背後，常有三種深層心理需求：

意義補償

我們不願放下一段傷痛，是因為它曾對我們意義重大。即使那是痛苦，我們仍不捨，因為放下就像是否定了曾經的付出。

自我形象維繫

有時，我們不肯原諒自己，因為這會撼動「我應該是個什麼樣的人」的自我認同。放下錯誤，等於承認「我也會跌倒」，對某些人來說，比錯誤本身更難承受。

控制感幻覺

不放下，是因為內心深處仍妄想能夠「彌補」或「翻盤」。但現實是，很多事沒有如果，只剩如何。

這三個心理結構讓我們困在自我折磨的循環裡，對外努力表現，但內在卻始終疲累。

真正的放下，從來都不是「算了吧」，而是「我理解我為什麼放不下，然後選擇不再把它背著走下去」。

3. 放下的第一步，是「允許自己還在痛」

我們常誤以為「放下」就是「要馬上沒感覺」，但其實，那是壓抑、不是釋放。

情緒釋放療法（emotional release therapy）指出：要讓內在真正放鬆，第一步不是控制情緒，而是完整經歷它。

請允許自己說：

- 「我還是會痛，那是因為我在乎過」；

- 「我還在氣，那是因為我沒被理解過」；
- 「我還有遺憾，那是因為我曾經用心過」。

然後，帶著這些情緒，深呼吸，說一句：

「我允許自己痛，但我選擇不再讓它綁架我。」

這句話，是情緒的轉折點 —— 從抗拒到接納，從壓抑到釋放，從背著走，到放下再走。

4. 用心理斷捨離，練習把「非我」的包袱歸還

心理斷捨離的核心，是辨識哪些包袱其實根本不是你的。以下是三個常見的「他人投射」包袱：

- 他人對你的期待：「你應該要成功」、「你不可以讓人失望」
- 社會角色的壓力：「你是長子就該撐起來」、「你是主管就不能軟弱」
- 過去語言的陰影：「你怎麼這麼笨」、「你這樣沒人會喜歡你」

這些話語與期待，如果你沒有覺察，就會變成你內在的評審與鞭子，讓你活在為了別人設定的劇本裡。

請每天練習以下對話：

- 「這個想法真的是我的嗎？還是我從小被灌輸的？」
- 「這個焦慮來自於我自己的期待？還是我怕別人怎麼看我？」
- 「如果我放下這個責任，我會更靠近自己的樣子嗎？」

每一次辨識與放下，都是你回到真實自我的一步。

5. 輕裝上陣，不是逃避，而是更有力的開始

放下，不是放棄，也不是逃走。

真正的放下，是決定只帶走那些幫助我前行的東西，其餘的，就讓它留在昨天。

當你不再扛著無用的愧疚、不再抱著無效的關係、不再緊抓已經結束的故事，你會發現：

- 腳步變輕了；
- 決策變清晰了；
- 內心有空間了。

這就是《心經》裡的「心無罣礙」，你不再以過去定義自己，也不再讓他人困住自己。

願你每天都能練習問自己：「今天我可以放下一個什麼？」然後用更輕盈的心，重新走進明天。

第五節
警覺短期利益的心理陷阱

無罣礙故，無有恐怖，遠離顛倒夢想。

1. 總是選擇「現在舒服」的人，最後會很不舒服

我們都有過這樣的選擇困境：

- 再晚一點睡吧，明天再早起努力；
- 現在花點小錢放鬆，省錢之後再說；
- 跟人說幾句好聽話混過去，以後有空再補救；
- 今天不運動、這週不寫報告、下次再面對衝突……

這些選擇看似無害，甚至合理，但若成為習慣，最終會讓我們的人生卡在一種「永遠在補破網，從未真正建新房」的狀態。

心理學稱之為「現時偏誤」（present bias），也就是人類傾向過度重視眼前的好處，低估未來的風險與代價。

而《心經》所言「遠離顛倒夢想」，其實正是指出：我們常被短期感受欺騙，以為那是真實幸福，卻一步步走向長期的焦慮與失衡。

2. 為什麼我們總是掉入短期利益的誘惑？

行為經濟學家丹·艾瑞利（Dan Ariely）研究發現，當人類面對立即選擇與延遲選擇時，即使知道後者對自己更有利，也仍會偏好前者。原因有三：

腦部獎賞系統偏好即時回饋

大腦中負責愉悅感的多巴胺系統，會因「立刻得到回饋」而迅速活化，讓我們感到快樂。而延遲的獎勵，則需要前額葉抑制衝動、規劃行為，這需要額外能量。

情緒疲勞會削弱自制力

壓力、睡眠不足、情緒低落時，自我控制能力下降。我們會傾向用快速而熟悉的方式「舒緩當下」，即使明知道長期有害。

習慣性認知逃避

我們不願面對真正該處理的事，於是用「我先放鬆一下」作為藉口，逃避焦慮感，讓自己短暫安心。

換句話說，短期利益的陷阱不是貪婪，而是「我暫時沒力氣面對真正的選擇」。

3. 心理斷點來自一次次微小妥協

你不是在一瞬間變得迷惘、被拖垮，而是一次次選擇「好過一點」，卻沒有意識到那些選擇的總和，正在推你遠離你真正想要的人生。

每一次放過自己，其實都在「強化」你的慣性大腦迴路，讓以後更難選擇長期行動。

這就像走進一條濕滑的下坡路，每次踩一步都說「沒差」，最後回頭時才發現自己已無法停下。

而真正的行動轉折，從來都不是大決定，而是一次微小的清醒：

- 今天，我不再對自己說「沒關係」；
- 今天，我選擇做一件對未來的自己有益的事；
- 今天，我不再為了避免不舒服而選擇錯誤的舒適。

4. 正念選擇力：延遲滿足的心理鍛鍊法

延遲滿足（delayed gratification）不是壓抑欲望，而是鍛鍊出一種「我能看見長遠價值，並為此行動」的能力。

你可以從以下幾個練習開始：

(1) 三問選擇法

每次做出即時決策前，問自己三個問題：

- 這個選擇的代價是什麼？
- 它會影響我的未來怎麼樣？
- 有沒有一個選擇是對未來的我更好的？

(2) 情緒辨識練習

記住：你想吃垃圾食物、不想工作、不願討論的那一刻，不是你「懶」，而是你「累了」、「焦慮了」、「需要肯定了」。

讓自己意識到：你其實是在處理情緒，而不是選擇。

(3) 五分鐘行動法

面對重要但難啟動的任務，允許自己「只做五分鐘」，然後再決定要不要繼續。這會降低行動阻力，提高成就感。

這些正念選擇，不是要你變得剛硬，而是幫助你在疲憊中仍然有能力，對自己說一句：

「我願意不選擇立刻舒服，而是選擇真正重要。」

5. 真正的自由，是你能選擇不被欲望牽著走

短期利益給的是糖果，長期選擇給的是根。

人生不是不可以享受，但真正穩定的滿足，來自你知道自己「可以選擇」、也「敢為選擇負責」。

《心經》說的「無罣礙」，不是沒有欲望，而是不被欲望綁架；「無有恐怖」，不是沒問題，而是你知道自己不會再被選擇控制，而是能掌控選擇。

願你每天都多一次選擇長期價值的勇氣；願你在即時誘惑來臨時，記得真正的你，值得更深、更久的滿足。

第六節
尋找內心動力：從被動到主動

依般若波羅蜜多故，心無罣礙。

1. 行動困難，不是因為懶惰，而是因為沒連上「內在電源」

「我知道我該做的事是什麼，但就是提不起勁。」

這是許多人在工作、學習、人際或健康生活上的共通感受。

但這並不等於懶惰，而是心理動力沒有被啟動。

根據自我決定理論（Deci & Ryan, 1985），人類的行動動機可大致分為三種類型：

- 外在動機（external motivation）：為了獲得成績、獎勵或他人的肯定；
- 內攝動機（introjected motivation）：源自內在壓力，例如為了避免罪惡感、自責或批評；

- 內在動機（intrinsic motivation）：出於真心熱愛與認同，因為覺得這件事有意義、有價值。

在這三種動機中，真正能支持長期改變與穩定努力的，往往是來自內在的動力。當我們的行動與價值一致時，才更容易維持持久的投入與心理韌性。

《心經》說「心無罣礙」，其實就是一種行動不再來自恐懼與壓力，而是來自清明與內在選擇。

2. 問對問題，才能找對動力來源

想找到真正的內在動力，我們不能只問：「我該做什麼？」而要問：

- 「為什麼這件事對我來說重要？」
- 「它是否與我想成為的人一致？」
- 「我有沒有替這個行動，賦予一個讓我心動的意義？」

心理學家史蒂芬．賴斯（Steven Reiss）認為，每個人內在都有十六種核心驅動力（如：認同感、創造力、獨立性、秩序、社交、目標感……），而當一件事能與其中某一項產生連結，我們的動機就會自然被點燃。

舉例：

- 想減肥，不是為了數字變少，而是「我想成為一個尊重自己身體的人」；
- 想早起讀書，不是因為老師要求，而是「我想知道更多，讓我能說出自己真正的想法」。

這樣的轉換，會讓行動從「應該做」變成「我願意做」。

3. 建立內在動機的三個核心條件

自我決定理論指出，內在動力的形成依賴三個心理條件：

自主感（autonomy）

人們需要感覺自己是選擇的主人，而非被迫行動。若能讓行動與個人價值與喜好結合，會大幅提升動力。

勝任感（competence）

人們需要感覺自己有能力完成所做的事。從小目標做起、逐步建立成就感，是內在動力生成的重要機制。

連結感（relatedness）

人們需要感覺自己的行動對他人有意義、能與人建立關係。當行動與貢獻他人產生連結，動力將更穩定而深層。

請試著自問：我做的這件事，是否符合上述三項？如果不是，我可以怎麼微調，讓它更靠近我真正在乎的價值？

4. 正念行動練習：讓內在動力從模糊變清晰

如果你不知道自己的內在動力從哪來，以下是幾個實用的練習幫助你釐清：

(1) 價值對齊寫作法

寫下你最想成為的一種人，例如：「誠實的人」、「溫柔的人」、「有影響力的人」，再問自己：「今天有什麼事，可以讓我更靠近這個版本的我？」

(2) 行為追蹤日誌

記錄你一週內做的所有行動，標記出哪些讓你感到滿足、自然、愉悅，這些就是你內在動機的線索。

(3) 內在對話轉化

將「我應該」轉成「我選擇」，例如：「我應該早起運動」→「我選擇早起，因為我想要更健康地活著。」

這些練習不是逼迫你成長，而是協助你用更溫柔而有力的方式，回到自己真正想走的方向上。

5. 主動，不是因為壓力，而是因為你終於選擇了自己

主動的本質，不是努力得讓自己快累壞，而是：我選擇前進，是因為我認得我想走的那條路。

《心經》所說的「依般若波羅蜜多故，心無罣礙」，不是讓你什麼都不在意，而是讓你能放下那些不屬於你的人生設定，重新出發於你內在的真實呼喚。

願你每天都能為自己做一個選擇：不是別人說你該成為什麼樣的人，而是你選擇成為什麼樣的自己。

當你從內在開始行動，動力不再是一時的衝動，而是你存在感最堅實的脈動。

第九章
財富心態與心理帳戶

《心經》引文：「以無所得故，菩提薩埵，依般若波羅蜜多故，心無罣礙。」

解說：真正的財富不在於占有，而在於無所得心的自由與寬裕。懂得不執著，才有真正的富足。

第一節 心理富足與財富思維模式

色即是空，空即是色。

1. 財富的本質，不在於擁有多少，而在於你看見什麼

「色即是空，空即是色」是《心經》中最具哲理的一句經文，看似玄奧，卻與我們的財富觀有著極深的連結。

什麼是財富？是存款數字？是房產？是年收入？還是一種內心的安全感與自由感？

當我們用比較來定義財富，我們就會陷入「貧乏心態」：

- 總是覺得不夠；
- 總是擔心輸給別人；
- 即使得到了，也不敢鬆懈，怕下一刻就失去。

心靈作家琳恩．崔斯特（Lynne Twist）曾說過：「你擁有的越多，不代表你越自由，反而可能讓你越困在『還不夠』的恐懼裡。」

富足，是一種感覺，不是結果；是一種觀點，不是總額。

也就是說，你對財富的定義，決定了你與金錢的關係。

2. 貧乏心態與富足心態：兩種活在人世的方式

心理學中有個重要概念，叫做「貧乏心態」（scarcity mindset）與「富足心態」（abundance mindset），兩者會導致截然不同的思考與行動方式。

項目	貧乏心態	富足心態
思維模式	不夠、欠缺、怕搶輸	足夠、分享、互惠
決策邏輯	短期補償型	長期投資型
情緒反應	焦慮、嫉妒、比較	平靜、欣賞、創造
行動策略	緊抓、節流、不敢冒險	放手、配置、創造價值

貧乏心態讓你一直在補漏洞，即使收入變多，生活品質也未必提升；

富足心態則讓你先感受到內在「夠用」，然後建立有系統的價值流通。

這不是精神勝利法，而是一種思維框架的轉換：從焦慮資源變動，到信任自己有能力創造。

3. 金錢焦慮的根源：你對「夠」的定義是誰給的？

我們會覺得錢不夠用，常常不是因為真的入不敷出，而是因為「別人都比我多」，所以我也「應該」有。

這種比較式財富焦慮，是由外在價值觀驅動的內在壓力。

你開始活在以下公式裡：

我的價值＝我的收入÷別人的收入
我的安全感＝我的房產數量÷房價走勢
我的快樂＝我的消費能力÷社群的消費水準

這些公式讓人永遠處在輸的狀態，因為你永遠可以找到比你更「富」的人。

轉念的開始是問自己：

- 「我真正要的生活是什麼？」
- 「我想要錢，是為了什麼價值？」
- 「如果沒有比較，我會怎麼定義『夠』？」

這樣，你才會從「外在指令的追趕者」，變成「內在價值的創造者」。

4. 富足心態的建立：三個心理支柱

要真正培養富足心態，而不只是嘴上說說「我很感恩」，你需要建立以下三個心理結構：

定義自己的「夠用」範圍

寫下你的「基本生活線」、「理想生活線」與「幻想生活線」，釐清真正重要的是什麼，從而降低無意義的焦慮。

轉化金錢語言

把「我沒錢做這件事」改成「我選擇把錢放在更重要的地方」；

把「我賺太少」改成「我正在創造更多價值的方式」。

語言是心理暗示，你怎麼說，就會怎麼想。

用行動培養信任感

每一次理性消費、每一次存下一點錢、每一次提升技能，都是對「我有能力創造價值」的自我確認。

富足的信心，是靠每一次對自己負責的行動累積的。

5. 願你擁有的不只是錢，而是掌握錢的心

當《心經》說「色即是空，空即是色」，它提醒我們：

外在看來實在的東西（如金錢、物質），其實都建立在你的心理投射與價值詮釋上。

你以為你追的是錢，其實你追的是安全感、自由、存在感、愛的能力與選擇權。

這些，只有你自己能定義與創造。

願你從今天開始，重新與金錢建立關係——不再以它定義你的人生價值，而是讓它成為你價值實現的工具。

富足，不是數字，是你每天醒來時，能自由地說：「我選擇這樣生活。」

第二節
健康的財富觀：從貧乏感到富足感

無眼耳鼻舌身意，無色聲香味觸法。

1. 財富焦慮，不是金額問題，而是感覺問題

你是否曾在收入增加後，焦慮卻沒有減少？

是否帳戶餘額看似充裕，內心卻總有種「不夠安全」的擔心？

這些情況顯示出：我們的「財富感」，並不直接來自錢，而是來自我們「怎麼想錢、怎麼用錢、怎麼看待自己與金錢的關係」。

《心經》所言「無色聲香味觸法」，其意義不在於否定感官，而是在於指出感官經驗的相對性與主觀性。

同樣的道理應用在財富觀上，就是：你如何「感覺」財富，遠比你實際擁有多少來得關鍵。

心理富足的開端，不是擁有更多，而是改變你看待「夠不夠」的方式。

2. 貧乏感從哪來？財富創傷的三種心理根源

許多人的貧乏感，其實並不是財務現況造成的，而是來自「過去的經驗記憶」所形成的財富創傷（financial trauma）。這些記憶常常會悄悄主導我們的金錢情緒與決策模式。

常見的三種財富創傷來源如下：

原生家庭的金錢恐懼語言

例如：「錢很難賺」、「錢是萬惡的」、「別人都比我們好命」。這些話語會讓你長期陷入恐懼型理財心態，總覺得錢是危險又不夠的東西。

重大財務挫折的情緒記憶

曾經失業、債務糾紛、投資失敗、事業崩潰……這些經歷若未被療癒，會變成你無法享受富足的內在屏障。

社會比較下的持續羞愧

即使生活條件已經改善，但因為從小總被拿來與別人比、總覺得自己「不夠好」，而導致你無法真心相信自己「有資格」感到富足。

這些深層經驗會悄悄地讓你用「貧乏的心」過「其實不錯的生活」。

3. 建立心理富足感的第一步：辨識錯誤的「富有參考值」

我們常用別人的生活標準來定義自己的貧窮。

但事實上，每個人對「夠」的定義都該是獨一無二的。

請試著列出這些問題的答案：

- 「我從小對金錢的第一印象是什麼？」
- 「我曾因為錢而感到羞愧或不安嗎？」
- 「我現在生活中，是否有一筆支出是為了讓別人覺得我『成功』？」

這些問題不是要你馬上改變行為，而是要你先從覺察開始，斷開那些來自外部的貧乏參考線索。

正念練習中有一個常見原則：「見之即止」。你只要看見那不是你真正的需要，那股焦慮就會減輕一半。

4. 如何養成富足感：練習對「已有」產生真實感受

心理學家松雅·隆博米爾斯基（Sonja Lyubomirsky）研究指出，感恩練習是建立富足感與心理幸福感最有效的方法之一。

但重點不在於「口頭說謝謝」，而在於練習用情緒體驗「我正在擁有」。

這可以透過以下練習實現：

(1) 三項擁有練習

每天寫下三件你當下「有的東西」，可以是物品、能力、關係、經驗，並加上一句：「這讓我感到……」

(2) 心理對話轉化

將「我還沒有……」改為「我已經有……而我正在前往……」，讓自己思維由欠缺轉為成長。

(3) 資源回顧清單

寫下你近五年內靠自己完成的每一件事——學會一項技能、處理一筆財務困境、支持他人、完成目標。這是你「已經創造過的富足證據」。

富足感來自「我知道我有能力」，不是「我什麼都有」。

5. 真正的財富，是不怕「失去」的心理自由

若你要選擇一種終身的財富感，那不是存款破百萬或房子數不清，而是你不再恐懼金錢流動，因為你相信自己的價值能夠創造它，也能活得超越它。

這是一種內在的平靜與自由：

- 你不再急著證明什麼；
- 你不再害怕與人比較；
- 你不再焦慮失去現有的，而是知道「我永遠有重新開始的能力」。

《心經》提醒我們：「無色聲香味觸法」，當你能超越形式，看見本質 —— 你不再是錢的奴僕，而是價值的主人。

願你在追尋財富的路上，先擁有一顆真正富足的心，那將是你一生最穩固的資產。

第三節
心理帳戶：理財與心理平衡

無眼界，乃至無意識界。

1. 金錢，其實是你內在信念的「顯影劑」

「錢不就是錢嗎？它只有一種價值。」

表面看來好像如此，但行為經濟學家理查・塞勒（Richard Thaler）提出的「心理帳戶理論」告訴我們：

人們實際上會根據金錢的來源、用途、情境與情緒狀態，將錢劃入不同的心理分類，進而產生不同的使用行為。

舉例來說：

- 同樣是 1 萬元，「薪水」與「退稅金」會被用在截然不同的地方；
- 賺來的錢花起來會較克制，意外之財（如紅包、彩券獎金）則較容易衝動性消費；
- 用來「犒賞自己」的錢，常常花得比日常生活還多，即使是同一張信用卡帳單。

這些看似不理性的分類行為，實際上反映了我們對金錢的情緒綁定、人生價值排序，以及自我掌控感的心理需求。

《心經》中「無眼界，乃至無意識界」的意思之一，是提醒我們：真正讓我們受限的，往往不是外在界限，而是內心無形的界域與分類。

2. 你怎麼分帳，就怎麼生活

我們每個人都擁有一套「心理帳戶系統」，只是大多數人從未意識到它的存在。這套系統會在不知不覺中塑造你的消費習慣與理財決策。

常見的心理帳戶分類如下：

- 必需帳戶：支付生活基本需求（如房租、水電、伙食）
- 享樂帳戶：旅行、娛樂、自我犒賞等
- 義務帳戶：家庭責任、孝親費、孩子教育
- 夢想帳戶：長期理想如創業、進修、環遊世界
- 應急帳戶：意外醫療、突發開銷
- 虛榮帳戶：用來維持面子、社交地位的開支

這些分類未必全錯，問題在於當分類混亂或失衡時，我們就會失去對金錢的主導權。

例如：

- 把「享樂帳戶」當作「應急帳戶」動用；
- 把「虛榮帳戶」當作「夢想帳戶」誤用；
- 或是明明已達「必需」，卻仍覺得不夠，導致焦慮。

理財從來不只是數字計算，而是內在價值排序的外在反映。

3. 情緒型用錢：最容易打亂心理帳戶的破口

許多人覺得理財失敗，是因為不懂預算規劃，其實更多時候是情緒在影響財務行為。

根據一項由耶魯大學進行的研究發現：

當人處於焦慮、孤獨或低落時，購物會被大腦誤解為「補償行為」，短暫提高多巴胺濃度，但長期導致金錢失序與情緒倚賴。

這種狀況被稱為「情緒型用錢」(emotional spending)，也是現代人最常見的心理帳戶崩潰點。

具體行為如：

- 心情不好就叫一單外送、網購；

- 感覺被冷落就用禮物挽回關係；
- 為了逃避無力感而拚命投資「看起來可以翻身」的理財產品。

這些花費，金額可能不高，但持續累積會讓你失去預算感與心理安全感，最終陷入「賺得多卻永遠不夠花」的焦慮循環。

4. 如何重建心理帳戶：三個步驟恢復掌控感

若要讓理財系統與心理狀態對齊，建議從以下三個步驟著手：

(1) 帳戶再分類：用「人生價值」而非「情緒需求」來劃分金錢用途

把金錢使用分類與你在意的價值對齊：如「學習成長」、「親密關係」、「健康」、「未來保障」。

例如：每月留 1,000 元作為「親密帳戶」，用於培養關係，而非盲目送禮。

(2) 設立心理緩衝帳戶：對應「非理性時刻」

預留一筆「情緒容錯帳戶」，例如每月 1,500 元供自己偶爾失控時使用，避免破壞整體預算結構。

(3)用「使用感受」來檢視花費回報

每次大額消費後寫下：「這筆錢帶來了什麼感覺？值不值得？」久而久之，你會建立屬於自己的花費原則，強化自我控制與金錢對話力。

心理帳戶的重建關鍵，在於：不是絕對控制，而是有意識地選擇與調整。

5. 金錢，不只是「可以花多少」，而是「你想怎麼活」

《心經》說「無眼界，乃至無意識界」，提醒我們要穿越的是內心的「自我界限與預設」。

同樣地，心理帳戶的修正，不是讓你更拘謹、更克制，而是讓你活得更有選擇、更知道自己想把資源放在哪裡。

金錢的管理，不只是數字技術，更是你在訴說：

- 你重視什麼；
- 你相信什麼；
- 你想怎麼走過你的人生。

願你在重新分類帳戶的過程中，建立的不只是預算，而是一種讓你安心、有力、忠於自己的金錢對話方式。那就是心理平衡的開始。

第四節
內心的財富地圖：定義你的真正價值

無智亦無得，以無所得故。

1. 你怎麼定義「成功」，就會怎麼使用錢與人生

「無智亦無得，以無所得故」的核心，不是放棄努力，而是指出：當我們執著於「得到」某個外在成果時，反而會失去內在真正的安穩與智慧。

這與現代人對「成功」與「財富」的追逐模式極為相似。

許多人努力賺錢、投資、晉升，卻越來越焦慮，原因不在於他們不努力，而在於他們沒有問自己一個更根本的問題：

「我追求的這一切，是我真正在乎的嗎？」

若一個人內在沒有明確的價值地圖，他會活在外界給予的預設導航中：

- 成功＝高薪＋高位；
- 幸福＝有房＋有車＋家庭；
- 有價值＝被羨慕＋被認可。

這些指引或許有效一時，但最終會讓你活在壓力中，而非喜悅裡。

所以，財富的意義，不是變有錢，而是活得像自己。

2. 你現在走的路，是來自你內心還是他人期望？

心理學上有一個重要概念叫「自我一致性」（self-congruence），指的是個人行為與其內在核心價值是否一致。

如果你賺錢是因為「我想照顧家人、創造自由、實現夢想」，那你將越努力越踏實；但如果你賺錢只是因為「大家都這樣做」、「我怕被看不起」，那你會越努力越空虛。

以下是幾個辨識自己「財富動機」是否與內心一致的問題：

- 若沒人看，你還會想要現在這個生活嗎？
- 你的收入是否反映了你想貢獻的價值？
- 你為了錢放棄了哪些其實對你更重要的事？
- 你最後一次因為「真正想做」而用錢，是什麼時候？

這些問題的答案，就是你的「內心地圖」。而這張地圖若不清晰，你就只能照著別人的導航行走。

3. 建立你的「價值導向財富模型」

心理學家史蒂芬．海斯（Steven Hayes）提出「價值導向行動」（valued-based action）理論，強調：

行動的意義，取決於它是否與你重視的價值一致。

若你重視「自由」，那你可以為了增加選擇權而學習投資理財；

若你重視「貢獻」，你可能會選擇將部分收入投入公益或創業；

若你重視「成長」，你可能願意將錢用在進修而非物質享受。

這樣的使用方式，會讓你在花錢的過程中，不是感到損耗，而是感到豐盛。

你可以試著建立自己的「價值導向財富模型」，步驟如下：

- 寫下你最在乎的五個人生價值（如自由、誠實、關係、創造力、穩定、安全、探索……）；
- 為每一個價值配對一筆財富支出策略；
- 每季檢視一次你過去三個月的花費與選擇，看看是否與這些價值對齊。

這張價值導圖，就是你自己畫的「人生財富地圖」。

4. 當你依據價值生活時，財富才開始服務你的人生

當一個人活在價值一致的狀態時，他會出現以下心理反應：

- 決策變得果斷，不再搖擺；
- 心理更穩定，即使收入波動也不輕易焦慮；
- 能用「我選擇」而非「我應該」來面對每個花費；
- 在看似「沒有錢」的時候，仍能創造出自己要的資源流動方式。

這不代表你不努力賺錢，而是你知道「賺錢是為了讓我的價值被實現」，而非只是擁有別人眼中的成功樣板。

正如《心經》所說的「無所得故」，當我們不再把人生當作競爭遊戲，而是看作價值實踐的旅程時，那些本來讓你焦慮的財富框架，就會變得沒那麼緊張了。

5. 真正的財富，是你用錢買來的，不是東西，而是自己想過的人生

我們都在用錢做選擇，但最終選出的不是物品，而是你要成為什麼樣的人。

有人用錢買快樂，有人買焦慮；有人用錢證明自己，有人用錢實現自己。

願你建立一張屬於自己的財富地圖——

不被社會公式綁架，不被比較框架所限，而是每天都在用自己的價值，過自己選擇的生活。

這樣的財富，才是你最值得擁有的自由。

第五節　從容應對金錢焦慮

是故空中無色，無受想行識。

1. 金錢焦慮不是財務問題，而是預期感崩潰的表現

多數人以為金錢焦慮只出現在「沒錢」的時候，但事實上，焦慮感與實際金額往往無關，而是與「對未來的掌控感」息息相關。

你可能收入穩定，帳戶餘額不錯，卻仍因未來可能的變動（失業、經濟下滑、家庭變故）而感到不安。這種狀態在心理學上稱為財務焦慮症（financial anxiety disorder），其核心是：「我不知道我能不能應付接下來的事。」

《心經》說「空中無色，無受想行識」，意指真正的空性，來自對於一切現象「不再緊抓、不再過度預設」，而是接受變動的本質，並在變動中維持平衡。

同樣地，金錢焦慮的核心，不是控制一切可能的變化，而是建立面對變化的心理韌性。

2. 焦慮如何侵蝕我們的行為與判斷？

金錢焦慮會產生三種典型的心理行為模式：

(1) 過度儲蓄型焦慮

即使生活條件無虞，仍無法放心花錢，對花費產生罪惡感，無法享受成果。

(2) 逃避型焦慮

不敢看帳單、不做財務規劃、不面對收支問題，寧可假裝一切無事，讓問題惡化。

(3) 衝動型補償行為

感到壓力時用購物、訂閱、投資等行為麻痺焦慮，形成金錢與情緒的交互依賴。

這些行為背後的共通點，是「感覺自己無力處理變化」，因此只好用「過度控制」或「完全逃避」兩端的方式應對。

真正能讓你穩定下來的，是重新建立「我有能力應對」的自我效能感（self-efficacy）。

3. 穩定金錢焦慮的三個核心心理調節策略

若你希望從焦慮感中解脫，請練習以下三種心理策略：

(1) 區分「我控制得了」與「我控制不了」的事

寫下你最擔心的財務問題（例如：升息、物價、失業風險），然後標記：

- 哪些是我能行動的（例：增加技能、減少花費）；
- 哪些是我不能控制的（例：全球市場走向）。

專注行動在你能掌握的部分，能立即降低無效焦慮。

(2) 建立「小而確定的安全感儲備」

不必一次存出緊急備用金，但可以從每週 500 元開始，一步步建立「我在為自己做準備」的信念。

心理學上這稱為「進展感」（sense of progress），能顯著提升情緒穩定度。

(3) 練習金錢對話，不讓焦慮悶燒成壓力

每週與信任的人（伴侶、家人、理財夥伴）聊一次金錢焦慮的具體來源與想法。透過語言釐清與表達，焦慮會從模糊的不安，轉化為可討論的議題。

4. 用正念思維替換「最壞劇本」的自我預言

金錢焦慮之所以難擺脫，常因我們不自覺地在腦中播放「最壞劇本」：

- 「如果我失業，就完了」
- 「我不可能養得起自己老後的生活」
- 「經濟再差下去，我應該會變成乞丐吧」

這些災難性預言會強化神經迴路，使大腦習慣預設失敗與風險。

你可以透過以下練習建立新的思維迴路：

正念替換練習：

- 將「我可能失去一切」→換成「即使發生風險，我仍有資源可以應對」
- 將「我沒錢怎麼辦」→換成「我可以先處理當前可控制的收支平衡」
- 將「我永遠無法財務自由」→換成「我每天前進一步，財務狀況就更有彈性」

這不是盲目樂觀，而是用現實可行的語言，幫助大腦建立心理彈性。

5. 當你不再被焦慮驅動，你才能真正做出選擇

從容應對金錢焦慮，不是你什麼都不怕了，而是你即使還有擔心，也知道自己有能力一步步處理。

《心經》說「無受想行識」，意思是能夠超越慣性的感受與反應，進入觀照、調節與選擇的層次。

你不再被「焦慮情緒」牽著鼻子走，而是能在不確定中，建立清楚的思維與行動模式。

願你在每一次想過度擔心未來的瞬間，能對自己說：

「我不需要先知道一切答案，我只要相信我走得過去。」

真正的財富安全感，不來自銀行帳戶的數字，而來自你內心的這句話。

第六節
財務成功的心理策略與實踐

菩提薩埵，依般若波羅蜜多故，心無罣礙。

1. 財務成功不是靠天分，是靠心智設計

在探討財富時，多數人關注「賺得夠不夠」、「投資報酬高不高」，但忽略了更深層的問題：

「你是否真的有辦法持續、穩定地做出有利財務選擇？」

《心經》所言「依般若波羅蜜多故，心無罣礙」，強調的是內在智慧與觀照的實踐力，而這正是財務成功的心理本質：不是知道什麼最對，而是能實踐什麼對你最有用的選擇。

根據美國理財顧問協會（FPA）統計，真正能財富累積的人，靠的不是一次暴利，而是長期的行為一致性與心理自律。

你越能掌握自己的行動模式，就越能主動設計出符合你目標的財務行動軌跡。

2. 為什麼我們「知道但做不到」？行為落差的心理結構

多數人其實並不缺財務知識，他們都知道「要記帳、要儲蓄、要不要亂投資」，但為什麼仍然難以堅持？

這是因為行為心理學揭示，「認知」與「行動」之間存在五個心理落差點：

- 目標模糊：不知道自己真正想達成什麼，只是模糊說「我想有錢」。
- 即時誘惑大：短期快感蓋過長期好處，導致選擇延遲。
- 行動代價不明：沒算清楚「不做」這件事的代價。
- 缺乏正向回饋：存錢、投資看不到成果就懷疑自己。
- 自我認同未調整：潛意識還覺得「我不是會理財的人」。

這些落差若未覺察，就會讓你卡在「下週再開始」的循環中，最後只剩內疚與放棄。

真正的財務成功，是從這些落差中建立橋梁，讓你每天都能做出一次正確的小選擇。

3. 財務成功的三個關鍵心理策略

若你想成為一個能長期實踐財富策略的人，以下三個心理工具能協助你重塑行動模式：

(1) 目標對齊：讓財務目標與人生價值一致

舉例：「我想存 100 萬」這不是目標，這是數字。

真正目標是：「我希望三年後能有能力辭職創業、支持家人、環遊世界。」

目標需要有意義與畫面，才能讓你在面對誘惑時選擇堅持。

(2) 行為儀式化：將財務行動變成習慣行程

例如：

- 每週日晚間是「理財檢視時間」；
- 每月 10 日轉帳到「夢想帳戶」；
- 每次下單前都問自己：「這件事會讓我更靠近我想要的人生嗎？」

讓理財行動像刷牙一樣自然，才能累積長期成效。

(3) 小勝利回饋法：用情緒補強行為

每完成一次財務目標，不論多小，都給自己正向回饋。可以是寫下成就日誌，也可以是允許一點犒賞。這能加強自我效能感，鞏固行動的情緒基礎。

4. 用行為經濟學原則設計你自己的理財系統

你不需要變成會計師，只要運用行為經濟學原則，就能打造適合自己的理財系統。

運用以下四個心理原則進行設計：

預設偏誤（default bias）

把存錢變成自動化：薪水一入帳即分帳戶轉存，降低「靠意志力控制」的失敗機率。

承諾裝置（commitment device）

與朋友簽訂「三個月不衝動購物挑戰」，或綁定儲蓄目標到具罰則的 App，提高行為持續率。

損失厭惡（loss aversion）

為你的夢想帳戶設計「不存就是損失」的邏輯，例如：「每月少存 1,000 元，將延後退休一個月。」

進展視覺化（progress visualization）

使用 App 或白板記錄存款成長曲線，讓你每天看見「我正在前進」，強化動力。

這些工具不只是技術，而是讓心理願意配合行為的設計策略。

5. 真正的財富自由，是你能主動設計、從容調整

《心經》所言「心無罣礙」，是因為行者能以智慧觀照萬象，既不執著也不逃避。

財務自由的本質，也並非數字達標，而是：

「我知道自己要什麼，能穩定為之努力，遇變局亦能不慌不亂。」

你將不再活在財務焦慮中，而是活在財務掌握中。你不再靠運氣致富，而是靠行為累積與價值導向。

願你從今日開始，不再害怕面對金錢，而是一步步，用心理策略與生活行動，實踐你最想要的富足人生。

第十章
生命哲學與終極自由

《心經》引文：「心無罣礙，無罣礙故，無有恐怖，遠離顛倒夢想，究竟涅槃。」

解說：自在的極致，不是逃離現實，而是穿透煩惱與恐懼，活出真正無罣礙的心靈自由與終極寧靜。

第一節
心靈自由的探索：放下即快樂

心無罣礙，無罣礙故，無有恐怖。

1. 放下不是放棄，是停止與幻覺搏鬥

「放下」這兩個字，對多數人來說總是帶有一種模糊與矛盾感。許多人誤以為放下就是不在意、不奮鬥、甚至是放棄。

但在心理學與佛法的語境中，「放下」的本質是：釋放掉那些我們以為可以控制、但其實正在控制我們的念頭。

《心經》裡「心無罣礙」正是指這個境界 —— 當一個人不再執著於非得達成什麼、不再綁死於特定結果，就不會再被

焦慮、恐懼與挫敗感所困。

存在心理學家維克多．法蘭克（Viktor Frankl）說過：「人所能達到的最高自由，是選擇面對現實的態度。」

放下，不是你什麼都不要了，而是你願意不再跟那些讓你耗盡心力的幻象死纏爛打。

2. 為什麼我們那麼難放下？心理執著的神經根源

你是否曾經明知「這件事不值得我再糾結」，但就是放不下？

或者你明白「這個人不會改變」，卻還是控制不住地關心、在意、幻想？

這不是意志力的問題，而是神經系統的保護機制使然。

社會心理學家丹尼爾．吉爾伯特（Daniel Gilbert）指出，人類大腦傾向於將過去與未來過度思考與加工，以求找回掌控感。這導致我們對於「失去控制的經驗」特別難以放手。

同時，心理執著也與以下三個心理結構有關：

- 認同感：我早已把某件事、某段關係當成「我」的一部分，放下等於失去自我。

- 補償欲望：過去沒得到的，我總幻想未來會還我，所以不願認輸。
- 生存焦慮：我相信「有某些東西才安全」，所以放掉等於暴露在未知裡。

也因此，放下並不等於不重視，而是承認我對某些事的無能為力，然後不再被其綁架。

3. 正念與存在療法：訓練「放下肌肉」的心理方法

你無法靠「說服自己」放下，但你可以透過練習，慢慢養成一種「覺察 —— 接受 —— 釋放」的能力，就像訓練一塊內在肌肉一樣。

這裡提供三個被正念療法與存在心理學證實有效的放下練習：

(1) 想像分離法 (Detached Mindfulness)

當你對某個想法（如：「我不夠好」、「他為什麼不回我」）反覆糾結時，試著在腦中對它說：「喔，這是我腦袋又出現『不被重視』的劇本了。」

把念頭當成電臺聲音，而非真相。

(2) 三步式當下呼吸練習

- 察覺當下你緊抓的念頭是什麼。
- 吸氣時說：「我看見我執著了。」
- 呼氣時說：「我選擇暫時放手，讓我自己喘口氣。」

(3) 價值對齊問句法

當你猶豫要不要繼續執著時，問自己：「這個念頭／行為，有讓我更靠近我想成為的人嗎？」

若答案是否，就練習把注意力轉移到你的長期價值目標上。

這些練習不是要你壓抑情緒，而是幫你從情緒中解脫出來，不再是那個被思緒牽著走的人。

4. 心理快樂的真相：不是得到，而是鬆手

心理學家松雅．隆博米爾斯基（Sonja Lyubomirsky）研究指出，快樂的來源有三：

- 50%來自遺傳性格；
- 10%來自生活環境；
- 40%來自「我們如何詮釋與回應發生的事」。

這 40%之中，最關鍵的不是「得到了什麼」，而是是否能從錯誤期待與執念中解脫出來，恢復內在的主導感。

佛法說「若無所得，便是真實快樂」；心理學則說「當你能改變對幸福的定義時，你就能幸福」。

具體而言：

- 與其追求「沒有問題的人生」，不如培養「處理問題的信心」；
- 與其追求「萬事如願」，不如練習「萬事發生時仍能站穩」；
- 與其擔心「若我放下會不會後悔」，不如問「如果不放下，我會被困多久？」

你真正想要的快樂，不在未來的某個擁有，而是在你願意此刻放下抓緊的手指。

5. 自由，是你選擇鬆開，而不是被迫離開

放下從來都不是因為不得已才「忍痛放棄」，而是你終於明白：我可以選擇，不再活在那個困住我的內在劇情裡。

你仍然可以努力、可以愛、可以爭取 —— 但那將不再是

出於恐懼、不安或補償，而是來自一種深層的心理自由。

《心經》所言「無罣礙故，無有恐怖」，正是這樣一種狀態：

你知道你可能會失敗，但不再害怕失敗；

你知道你可能會失去，但不再畏懼失去；

你知道人生不一定如你所願，但你依然可以選擇怎麼面對。

願你從今天開始，練習放下——不是因為你不需要，而是因為你已足夠強壯，可以選擇輕盈地走下去。

那一刻，你將會發現：放下的同時，也放出了你真正的快樂與自由。

第二節 學習生命的智慧：不強求、不執著

無苦集滅道，無智亦無得。

1. 你想掌控人生，但人生從不照你排程

我們大多數人都曾相信一件事：「如果我夠努力、規劃周全，就可以讓人生照我的方式進行。」

這是成長環境教給我們的邏輯：念好書→好工作→好收入→幸福人生。

但隨著現實一次次反轉，內在開始出現一種拉扯：

- 明明我這麼努力，為什麼還遇到這些事？
- 為什麼我照規則走，卻沒得到想要的結果？
- 我是不夠好嗎？還是不夠強？

其實不是。

問題不在於你做錯了什麼，而在於我們過度相信人生可控，而忽略了「無常」才是真正的現實狀態。

《心經》說「無苦集滅道，無智亦無得」，不是否定真理，

而是指出：當你不再執著於「一定有一條固定的成功路徑」，你才能開始真正地活。

2. 控制幻覺：我們為何一直強求掌控？

控制幻覺 (illusion of control) 是心理學中一個經典概念，指的是人類大腦有一種傾向，會高估自己對環境與結果的影響力。

這種心理設計有其生存功能，但在現代社會卻容易產生焦慮與自責。

例如：

- 在職場升遷落空時，我們會問：「是不是我還不夠努力？」卻忽略制度與政治的影響。
- 在愛情中分手，我們想：「是不是我哪裡不對勁？」卻忽視了對方自由選擇的部分。

這樣的思維會導致兩種心理代價：

(1) 過度自責型焦慮

把一切都當作自己的責任，承擔不必要的心理負擔。

(2) 控制癮型焦慮

想方設法排程、設限、掌控別人反應，甚至掌控情緒，導致關係緊張與自我壓抑。

要脫離這種模式的第一步是：承認變動與不可控性不是錯誤，而是自然現象。

3. 不強求，才能看見真正的選項與可能性

接納與承諾療法（ACT）提出一個核心觀念：「不是控制情緒或環境，而是選擇與它們共同前進。」

ACT 的基本步驟可以應用在我們面對不如意時的心態轉換上：

Step 1. 覺察（Notice）

承認你的焦慮、失落、挫敗是真實存在的，不壓抑也不過度放大。

Step 2. 命名（Name）

替你的想法與情緒命名：「這是我想要掌控未來的念頭」、「這是我對失敗的不甘心」。

Step 3. 開放（Open）

允許這些情緒與你共存，不驅趕也不讓它們掌控你。

Step 4. 對齊（Align）

回到你的核心價值上問：「在這種狀況下，我還能如何行動，讓我靠近我想成為的人？」

透過這種方式，你不再是那個拚命對抗變動的人，而是選擇在變動中保持自我完整與目標清晰的人。

4. 執著讓你抓緊，但也讓你走不遠

《心經》說「無智亦無得」，不是讓你放棄學習與成長，而是提醒：真正的智慧不是為了追求「獲得」，而是為了「不被失去嚇倒」。

心理學中執著的成因常與以下三種欲望有關：

- 控制欲：渴望一切照自己方式發展。
- 認同欲：渴望被承認與證明自己有價值。
- 補償欲：渴望用現在的結果來補償過去的空洞。

當這些欲望驅動你時，你會出現強烈的「非得怎樣不可」的焦慮邏輯。

而不強求的智慧，則是這樣的一種心理姿態：

「我會盡我所能努力，但也接受事情不照劇本演出。」

「我會全心投入，但不再逼迫每件事都要回報我期待的結果。」

「我依然可以往前走，即使有些方向已經關門了。」

這不是消極，而是成熟。

5. 你越放下控制，越能創造可能性

不強求，不代表無為；不執著，不代表消極。這是一種更大的心理彈性。

當你停止執著於「這件事一定要這樣」，你反而會看見：

- 有別的路其實也能通往你要的地方；
- 有些人雖離開了，卻讓你成長更深；
- 有些失敗，其實是你接觸真正自我的入口。

《心經》教我們穿透苦、集、滅、道，不是讓你遠離人生，而是讓你能從更高的心理高度看待一切。

願你擁有這樣的智慧：

當事情照你期望發展時，你享受；當事情脫離預期時，你學習。

這才是真正的「不強求、不執著」的人生修練，也是通往終極自由的最穩固內在根基。

第三節　真實快樂的心理學原理

故知般若波羅蜜多，是大神咒，是大明咒，是無上咒，是無等等咒。

1. 快樂，不只是感覺，而是一種能力

我們常把快樂誤認為一種「被動的情緒反應」：

吃到美食時的滿足、買到新物品時的興奮、被稱讚時的快感。

但這些快樂是短暫的、外在刺激所觸發的，心理學上稱為享樂性幸福 (hedonic happiness)。

而真實的快樂，來自更深層的地方 —— 內在價值的實踐、存在意義的體認、生活自主感與情緒穩定感。這種幸福叫做意義性幸福 (eudaimonic happiness)。

《心經》所言「般若波羅蜜多，是大神咒，是大明咒」，其

中「大神咒」指的是能破除煩惱、顛倒妄想的智慧，這正是通往真實快樂的心法：不是追求感覺愉悅，而是活出覺知的狀態。

快樂，其實是一種可以練習與培養的心靈能力。

2. 假快樂的陷阱：為什麼越追求反而越空虛？

許多人在追尋快樂的過程中，反而變得更焦慮、更疲憊，原因在於陷入了假快樂的五大心理陷阱：

- 比較式快樂：只有比別人好才覺得滿足，一旦他人更好便失落。
- 刺激依賴快樂：倚賴消費、飲食、社群讚數來獲得短暫多巴胺快感。
- 結果導向快樂：認為「達成某目標我才會快樂」，忽略過程中的幸福。
- 控制型快樂：想讓一切如意才能安心，稍有變化便陷入焦慮。
- 他人視角快樂：追求別人肯定的角色認同感，遺忘自己真正的需求。

這些模式初期會讓人產生短暫快感，但長期來看卻會耗損自我價值與內在穩定，造成愈追愈空虛的幸福赤字感(happiness deficit)。

要跳脫這些陷阱，就要回到一個根本提問：

「我現在的快樂，是來自外界的刺激，還是內心的滿足？」

3. 真實快樂的三個心理基礎

根據正向心理學創始人馬丁．賽里格曼（Martin Seligman）的「PERMA 模型」，人類的穩定幸福感來自五個構面，其中三項是最核心、最可培養的：

（1）P：Positive Emotion（正向情緒）

練習覺察生活中細微的愉悅感受，如陽光灑落、朋友的問候、閱讀的啟發。這些微幸福，能逐步建立大腦的「正向偏好習慣」。

（2）E：Engagement（投入感）

當你專注投入某件有挑戰但可勝任的活動時（如創作、運動、教學），你會進入「心流狀態」（flow），這種狀態會帶來深層滿足與快樂的持續。

(3) M：Meaning（意義感）

當你將自己連結到更大的價值系統（如家庭、信仰、社會貢獻），你會感覺「我的存在有價值」，這是最穩定的快樂來源。

這些快樂不是買來的，也不是別人給你的，而是你活出來的。

4. 建立日常真實快樂的心理練習

若你想在生活中落實真實快樂的培養，可以從以下三個實踐練習開始：

(1) 快樂日記練習

每天睡前寫下三件讓你感到愉悅的事，無論多小。此舉可訓練大腦重新聚焦於正向經驗，減少負面思維循環。

(2) 每週「意義行動時光」

安排每週至少一小時，做一件對你有意義但未必有立即回報的事（如志工、寫作、陪伴家人），培養深層快樂感。

(3) 快樂的界線練習

辨識什麼是你為了討好他人而做的快樂選擇？什麼是你真正想要的？學會說「不」，是守住內在幸福的重要界線。

這些練習的目的不是讓你變得「更正面」，而是讓你有意識地選擇什麼才是值得你投入情感的幸福來源。

5. 快樂不是逃避痛苦，而是能擁抱完整人生

《心經》所揭示的智慧在於：快樂不是否定「苦」，而是透過「觀照」讓人在苦中不滅志、在無常中尋常樂。

現代心理學也早已證實：「真正快樂的人，不是那些從未遭遇困境的人，而是那些能從困境中找出意義、重建希望的人。」

你無法永遠快樂，但你可以永遠選擇如何面對每一次情緒波動與生命情境。

願你從今天開始，不再把快樂當成獎勵，而是當作一種存在狀態 —— 不是因為擁有得多，而是因為活得清楚、選得有意義、愛得沒有保留。

這，就是你一直在尋找的，那份真實的快樂。

第四節
放棄內在掙扎：接納生命本然狀態

是無等等咒，能除一切苦，真實不虛。

1. 你越抗拒，內心越受困

我們多數人對痛苦與困擾的第一反應是「拒絕與排斥」。當悲傷來了，我們想「怎麼辦？我不能這樣下去」；當焦慮升起，我們急著讓自己冷靜、轉移、假裝沒事。

這種「心理對抗」表面上看似積極，實際上卻會讓你陷入更深層的情緒陷阱。接納與承諾療法（ACT）指出：

「心理痛苦的根源，並非情緒本身，而是我們為了避免它所展開的掙扎。」

就像你掉進流沙裡，掙扎越大，沉得越快。真正能讓你脫困的方式，是放棄抵抗，改變與它相處的方式。

《心經》中的「能除一切苦」不是要你消除痛苦本身，而是要你放棄與痛苦的掙扎，讓心回到平靜與流動的狀態。

2. 接納不是認輸，是終止與自己為敵

許多人對「接納」有誤解，認為那是被動、無能為力的象徵。但實際上，心理學中的接納是一種積極的心理選擇，意義在於：

- 不再與現實對抗；
- 不再與內在打仗；
- 不再強迫自己「應該要沒事」。

接納的本質，是說：「我承認現在的我就是這個狀態，並願意從這裡開始往前走。」

舉例來說：

- 你不需要等到不焦慮，才能開始報告；
- 不需要等到完全有信心，才能展開一段關係；
- 不需要等到心情完美，才能好好生活。

這就是 ACT 所強調的：「與痛苦共在，但仍然往目標行動。」

當你願意不再跟情緒打仗時，你就有了做選擇的空間，這就是接納帶來的心理自由。

3. 建立反脆弱心態：不是要堅強，而是能承受混亂

心理學家塔爾．班夏哈（Tal Ben-Shahar）將情緒健康形容為「反脆弱性」（antifragility）—— 不是壓力越少越好，而是經歷過混亂與不確定後，反而更加成長與強壯。

這種心態的核心在於：

- 你不逃避情緒，而是讓情緒變成訊息；
- 你不需要完美控制局面，而是容許自己「一邊混亂、一邊前進」；
- 你不是抗拒低潮，而是學會在低潮中站穩。

反脆弱的關鍵句是：「這些情緒來得及時，它們是在提醒我 —— 我還在乎。」

所以，當你感到難過、焦慮、疲累，不是你做錯了，而是你正經歷一段成長的過程。

《心經》所言「真實不虛」，正是這種誠實面對的勇氣與力量 —— 面對真實，不再虛掩。

4. 練習：與內在情緒和平共處的三步驟

這裡提供一個簡單但有效的「情緒共處三步驟練習」，幫助你在情緒升起時，不逃不戰，而是靜靜地讓它通過：

Step 1：標記而非壓抑（Label it）

說出你的感受：「我正在感到焦慮」、「我有些失望」、「我內心有緊張感」。

研究證實，情緒被命名時，大腦情緒中樞會降低活性。

Step 2：定位而非融合（Locate it）

把注意力放在身體的感受：這個情緒在哪？喉嚨緊？胸口悶？心跳快？

將注意力從念頭轉移到身體，有助穩定情緒波動。

Step 3：擁抱而非驅趕（Let it be）

對自己說：「我允許這個感覺存在一陣子，它不會永遠停留。」

不要急著處理或改變情緒，給它一點空間，它會自己變化。

這三步讓你從「與情緒打仗」進入「與情緒同行」，慢慢你會發現：情緒只是過客，不是主人。

5. 接納的終點，是對生命說：我選擇與你同行

當你願意放棄掙扎、停止抗拒，真正接納自己每一種狀態時，你就會開始產生一種深層的心靈能量 —— 不是完美的穩定，而是混亂中的穩定。

這不是靠外在條件換來的，而是從「內在允許」中誕生的。

你會發現：

- 自己其實有承受不完美的彈性；
- 情緒不是洪水，而是訊號；
- 即使仍會害怕、疲累、不確定，你依然可以選擇往前走。

這，才是真正的心理勇氣。

願你從今天起，不再急著逃避情緒、不再強迫自己鎮定，而是給自己一句話：

「我不再與自己為敵，我選擇與生命同行。」

這就是你真正的開始，也是你走向終極自由的安穩起點。

第五節　超越成敗與名利的心理高度

心無罣礙，無罣礙故，無有恐怖，遠離顛倒夢想。

1. 成敗不是問題，執著成敗才讓你困住

我們從小就被教育要努力成功、不要失敗，彷彿人生只有一條上升的軌道，偏離就是錯誤。但現實是，人生本就是一場無常的實驗 —— 有時贏，有時輸，有時根本不是輸贏可以定義的。

真正讓人焦慮的不是「輸」，而是我們對「輸不起」的信念。

真正讓人痛苦的不是「沒成名」，而是「我若沒被看見，就不值得存在」的恐懼。

這就是《心經》所說的「顛倒夢想」—— 我們顛倒了因果，把「名利成敗」當成了價值本身，而不是過程中的一種經驗。

阿德勒心理學有這樣一個觀點：「人最大的自由，是從比較中抽身。」

成敗與名利，不是不能追求，但不能被它定義。

2. 社會比較的陷阱：你以為在努力，其實在自我否定

社會比較理論（social comparison theory）指出，人類有一種天生的傾向會拿自己與他人比較，來確認自己的價值與定位。

當比較是正向參照，它能激勵我們；但當比較變成「我比不過」、「我不夠好」，它就會轉化為：

- 成就焦慮（achievement anxiety）
- 自我懷疑（self-doubt）
- 價值錯置（value misplacement）

這類情況常見於以下行為：

- 明明自己原本很滿意的生活，看到朋友出國或換車就開始自卑；
- 本來想做創作是因為熱情，但一看別人粉絲數馬上覺得「沒人看有什麼用」；
- 升遷失敗後懷疑自己人生是否失敗，而不是檢視是否還有其他路。

當你的價值感建立在他人眼光與排名上，你的心理就會變得像股市一樣起伏不定。

3. 自我超越：不為表現，而為實現自我潛能

存在主義心理學家維克多·法蘭克（Viktor Frankl）提出「自我超越」的概念，認為人真正的快樂與滿足，不來自達成某個目標，而是來自投入於某個比自己更大的價值之中。

這種心理狀態稱為「目的導向動機」（purpose-driven motivation），與一般的成就導向動機（achievement motivation）不同：

- 成就導向關注表現：我要考第一、升主管、破千萬營收；
- 目的導向關注實現：我要把我的創意貢獻給社會、用影響力幫助更多人。

心理學實驗也發現，當人聚焦於「自己在創造什麼價值」時，壓力會下降、韌性會提升、表現反而更穩定。

這就是超越成敗與名利的心理高度：不被結果控制，不被表現綁架，只問此刻我是否忠於自己。

4. 如何脫離名利焦慮的心理練習

若你發現自己常因成敗起伏而情緒波動，建議嘗試以下三個心理對話練習：

(1) 目標再定義法

把原本以外在標準定義的目標，轉化為內在可控制的標準。

例如：「我要讓這本書賣一萬本」→「我要全心寫出我相信的內容，並用心推廣給對的人。」

(2) 成敗拆解練習

每次成敗發生後，問自己三個問題：

- 這個結果我控制了多少？
- 有沒有我可以調整的學習？
- 我最終在乎的是這個結果，還是它背後的價值？

(3) 意義回歸寫作法

每天寫三句「今天我感到有價值的時刻」，哪怕只是陪父母吃飯、回覆一位朋友訊息。

這能讓你回到價值本身，而非成就表象。

這些練習的目的不是否定成敗，而是讓你重新擁有在任何結果中都能站穩的心理彈性。

5. 你不需要「贏」，你只需要「成為自己」

《心經》說「遠離顛倒夢想」，不是叫我們不奮鬥、不努力，而是要我們從虛假的認知中醒來。

你努力，是為了活出你心中相信的樣子；不是為了讓別人點頭。

你表現，是為了實現你存在的潛能；不是為了填補缺乏安全感的黑洞。

成敗是一時的，名利是他人的評價，但你的心理高度，是你自己決定的。

願你從今天開始，不再困在成績與比較的迷霧中，而是走上一條內在穩定、自由創造的道路。

這條路，才是真正屬於你的頂峰。

第六節
自在與自在心：生命哲學的最終境界

揭諦揭諦，波羅揭諦，波羅僧揭諦，菩提薩婆訶。

1. 什麼是「自在」？
不是什麼都擁有，而是沒有被擁有

「自在」這兩個字，聽來簡單，卻是無數人畢生難求的狀態。

你可能住在高樓、開著名車，卻日日煩憂難安；也可能生活簡樸，卻心中平靜富足。

《心經》的結語「揭諦揭諦，波羅揭諦……」是通往智慧彼岸的咒語，而「彼岸」的真正象徵，不是天堂，而是內在徹底放下後的自由與平靜 —— 一種真正的自在心。

佛法中的「自在」，不是無欲無求，而是：

「即使欲望升起，我不被它牽走；即使情緒來襲，我仍然安住；即使外境動盪，我仍能自由選擇。」

自在，不是控制一切，而是不再被一切控制。

2.「不被拉走」：從認知融合到內在穩定

現代心理學中，「認知融合」（cognitive fusion）指的是我們把內在的念頭當作事實、指令，進而被它牽動。

例如：

- 「我做不到」這個念頭一升起，就真的放棄行動；
- 「她一定不喜歡我」一出現，就焦慮到想逃離；
- 「我好沒用」一閃過，就陷入自我否定。

但其實，那些只是念頭。不是事實，不是命令，不是宿命。

「自在心」的第一步，就是練習「認知去融合」，讓念頭成為念頭，而不是現實。

你可以這樣練習：

- 將「我好失敗」換成「我現在腦中有一個『我好失敗』的念頭」；
- 將「我很焦慮」改為「我正在經驗一種焦慮的感覺」；
- 將「他一定討厭我」調整為「這是我主觀的推測，不等於真相」。

這種語言上的調整，會讓你不再「住在念頭裡」，而是回到自己。

3. 現象學的覺知：學會「看到」而不是「判斷」

現象學心理學強調一個根本原則：「回到事物本身」。也就是說，我們要學會不加評價地去經驗一件事。

舉例來說：

- 醒來時，你覺得天氣陰沉→覺察「這是我此刻的情緒對天氣的投射」；
- 接到主管訊息，你心跳加快→覺察「這是我的身體對壓力的自動反應」；
- 在車上塞車時，你開始煩躁→覺察「我想控制一切，但此刻我無能為力」。

「自在心」的關鍵不是沒情緒，而是你能「看到自己在生氣、在焦慮、在恐懼」，而不是直接被它吞噬。

這種「看見自己經驗正在發生」的能力，就是心靈的駕駛座。你愈能看清，愈不會撞牆。

4. 真正的自由，是你在任何情境中仍保有選擇權

許多人誤以為自由就是「不用上班、不用被管、不用聽誰的話」。但這是行為的自由，不是心理的自由。

心理學家羅洛．梅 (Rollo May) 強調：「自由，是在每一個情境中，你仍能選擇自己的回應。」

這才是生命的真正自在：

- 在憤怒升起時，我選擇不說出傷人的話；
- 在被誤解時，我選擇先觀察，而非急著辯解；
- 在目標延誤時，我選擇穩住自己，而非焦急否定自我。

這種「選擇權」並非環境給你，而是你給自己的心理肌力。

所以，「自在心」並不是某種修行成果，而是一種在每個瞬間不迷失自己的能力。

5. 生命哲學的終點：活得像自己，並且安心地活著

我們走過焦慮、貪求、執著、控制、比較、評價，最終發現：

真正的自由、真正的幸福、真正的智慧，都不在彼岸，而在此刻。

在此刻你能安心與自己同在、與生命和平相處、不再抓緊非抓不可的東西時，你就自在了。

《心經》說「菩提薩婆訶」，是對大覺醒者的讚頌，而每一個願意在日常中放下執念、看見內心、選擇自由的人，都是菩提之路的行者。

願你不再追求「成為某種人」，而是願意成為你本來就可以是的樣子。

那就是 —— 自在。

後話：從焦慮到自在，我們都在修一顆心

你翻完了這本書，也走過了六十段以《心經》為根、心理學為翼的自我轉化歷程。

你或許在某一章停下過腳步，或許在某一節流過眼淚，甚至也可能在幾個段落與自己過去長期困住的情緒與信念打了一場久違的照面。

但無論你是用一天、十天，或數月才翻完這本書，都請記得：你已經走得夠遠。

不，是夠深。因為這本書所探討的，不是方法論的表面技巧，而是「如何重新選擇活著的方式」。

而你願意讀完這本書，也就表示 —— 你願意活得更清楚、更安穩、更自由。

這，就是修行最實在的起點。

◎《心經》教我們什麼？心理學又補全了什麼？

全書最初的問題是：為什麼我們懂了很多道理，卻依然痛苦？

答案其實早在《心經》中說得清楚：「心無罣礙，無罣礙故，無有恐怖，遠離顛倒夢想。」

我們痛苦的根源不是事物本身，而是我們對於事物的執著、抗拒與誤解。

我們害怕失敗、焦慮未來、怨懟過去，不是因為現實本身可怕，而是因為我們用一種「罣礙」的方式去看它。

而《心經》的核心智慧「空性」—— 不是否定，而是看穿。

不是放棄，而是放下。

不是什麼都不管，而是從根本上改變你「如何去看待」這一切。

這正是心理學可以發揮作用的地方。

現代心理學幫助我們用結構化、實證性的方式重新解構習慣、信念、情緒與行為的互動鏈結。從存在心理學的生命意義探索，到接納與承諾療法的行動策略，從正念的覺察練習，到認知行為療法中的思維挑戰工具 —— 都讓《心經》的智慧變得可練習、可內化、可落地。

換句話說，《心經》是心靈地圖，心理學則是導航儀器。而你，就是那位旅人。

◎你走了哪些心理轉化的路徑？

這本書的章節設計，從情緒的初步安頓開始，走向人際關係、逆境處理、欲望管理、自律與智慧、價值選擇、正念練習、自我覺察、財富觀調整，一直到第十章的生命哲學整合。

你從中學到的，不只是知識，而是六十套心理內在功法，包括但不限於以下幾項：

- 如何與焦慮共處，而不是與之對抗；
- 如何在關係中不再耗損自己；
- 如何看見內在欲望與情緒，而非被它推著走；
- 如何在失控中仍能保有選擇權；
- 如何在名利與成功之路上不迷失自我；
- 如何從生活表象回到價值核心。

這些轉化，不在文字裡，而在你讀完書後，面對下一次情緒來襲時那一秒的選擇。

你會發現，自己已經變了。不是變得不痛苦，而是更有能力陪伴痛苦。

◎自在不是狀態，而是一種「選擇力」

或許你已經察覺，書中不斷反覆強調的概念，就是「選擇權」。

這不只是理論，更是佛法與心理學的共同交叉點。

佛法說：「無我」，不是說你不存在，而是說「你不是你所有的念頭、欲望、恐懼與身分」。你可以看見它們、與之共處、然後選擇不被它們主導。

心理學說：「你可以不選擇第一個念頭，但你可以選擇是否要相信它。」

當你越來越熟悉這種選擇權，你的心就越來越「自在」：

- 你知道怎麼看見情緒，但不必照著它的劇本走；
- 你能看見失敗，但不再把自己等同於結果；
- 你能看見他人的評價，但不再過度依賴；
- 你能在每一次混亂裡，找到那個可以回歸安定的心中原點。

這，就是本書的真正目的 —— 不是讓你「變得更好」，而是讓你更清楚自己是誰、可以做什麼、不必再為什麼掙扎。

◎這本書的終點，其實是你行動的起點

我們常以為一本書讀完，就是學習的結束。但實際上，真正的轉化才剛開始。

從現在起，你可以這樣使用這本書：